AF389964

LE CULTE

DE

MARIE

ET

LE SANCTUAIRE

DE

NOTRE-DAME DES ANGES

A PIGNANS

DIOCÈSE DE FRÉJUS

1916

ÉVÊCHÉ
DE
FRÉJUS & TOULON
—→—

Fréjus, le 24 Juin 1916
en la fête de saint Jean-Baptiste

Monsieur le Chanoine,

Votre fidèle attachement à Notre-Dame des Anges de Pignans, héritage de famille et honneur de votre vie, vous a inspiré la notice que j'ai approuvée, l'estimant très opportune pour entretenir, parmi les nombreux pèlerins de la Sainte Montagne, l'esprit traditionnel du pèlerinage, nourri des faits historiques les plus anciens, et des exemples que de siècle en siècle Pignans et les villes voisines n'ont cessé de montrer pour la gloire de la Très Sainte Vierge. Le grand ouvrage de votre vénérable oncle, le Chanoine Borme, appelait un résumé plus populaire. Vous l'avez fait ; et si votre modestie veut vous dissimuler, sous la juste renommée de l'illustre historien de Pignans, vous n'en avez pas moins droit à la reconnaissance de vos Concitoyens et de tout le diocèse.

Notre-Dame, que vous aimez tant, vous conservera longtemps à son doux service, ici-bas. Elle se souvient que son divin Fils, dans la parabole des talents, mentionnait que c'est seulement *post multum vero temporis* que le Maître appellerait ses fidèles serviteurs à la juste et suprême récompense.

Nous prenons avec joie acte de cette méthode divine, et nous profiterons, tant qu'il plaira à Dieu, de vos labeurs et de vos souffrances si fermement supportées.

Je suis, cher Monsieur le Chanoine, votre profondément dévoué, en N-S.

† FÉLIX, Evêque de Fréjus.

LE CULTE DE MARIE

ET

LE SANCTUAIRE DE NOTRE-DAME DES ANGES
A PIGNANS

Pourquoi cette notice historique sur le culte de Marie et le Sanctuaire de Notre-Dame des Anges à Pignans.

Monseigneur Jordany, évêque de Fréjus, avait invité M. l'Abbé Borme, alors aumônier de l'hôpital de Draguignan, à publier l'histoire du Sanctuaire de Notre-Dame des Anges de Pignans, diocèse de Fréjus. C'était en 1855. M. Borme voulut tout d'abord remonter à l'origine de cette chapelle. Il commença par s'enquérir des titres qui déterminaient l'époque de cette fondation, et voici que toutes ses recherches l'amenèrent à constater que le berceau de cette chapelle de Notre-Dame des Anges n'était autre que l'église collégiale de Pignans qui est dédiée à la Mère de Dieu. C'est ainsi qu'il eut entre les mains les preuves qui établissaient l'introduction du culte de Marie dans le bourg de Pignans dès le premier siècle. Or, le fruit de toutes ses recherches, qui durèrent environ sept ans, fut le fort volume in-8° de 468 pages qu'il publia à Paris chez Didier, sous ce titre : « Le culte de Marie inauguré par les saints disciples du Sauveur à Pignans, en Provence, par un solitaire de la Montagne, » et ce solitaire n'était autre que lui-même. Aujourd'hui l'édition de ce volume qui fut tiré à trois mille exemplaires est entièrement épuisée.

C'est le moment qu'attendait M. Borme, alors devenu Chanoine, Curé-Archiprêtre de la Cathédrale de Fréjus, pour publier une courte notice, composée d'extraits de son ouvrage, afin que tous les pèlerins eussent les moyens de se la procurer et d'être ainsi attirés à connaître le Sanctuaire que Marie s'était choisi sur le plus haut sommet de la montagne des Maures. Cette notice, il la voulait courte et simple, d'une lecture facile et accessible à tous les esprits. Ce plan, il nous l'a souvent exposé en maintes circonstances, et il espérait ainsi, comme il le disait, porter tout le monde à être dévot à Notre-Dame des Anges, mais en ayant soin toutefois de montrer que les saints disciples du Sauveur, tout en prêchant l'Évangile dans nos contrées, s'appliquèrent en même temps à inaugurer le culte de Marie parmi les populations qui embrassaient la foi chrétienne. C'était là son grand désir, toute son ambition. Car s'il a écrit qu'on ne peut rester indifférent en présence de ces souvenirs historiques qui établissent le culte de Marie à Pignans, dès le premier siècle, il se plaisait, d'autre part, à dire que, non seulement on ne doit point blâmer, mais aimer, au contraire, à voir reproduire les preuves qui sont le fondement de cette croyance, si chère à des serviteurs de Marie. En effet, nous avons ici, outre le prestige qui entoure toujours les anciennes traditions, un caractère de piété qui rend les nôtres très recommandables à tous les points de vue. N'est-ce point une raison plus que suffisante pour motiver et justifier ce petit opuscule ?

C'est ce projet que M. Borme se proposait de réaliser lorsque l'édition de son volume aurait été épuisée. Hélas ! il n'a pu le réaliser. La mort est venue nous le ravir avant même l'époque qu'il s'était lui-

— V —

même fixée.

Nous avons respecté ses dernières volontés et nous ne prenons la plume à sa place qu'au moment où on ne trouve nulle part son volume pour se le procurer. Nous n'avons nullement la prétention de le remplacer. Combien nous aurions aimé lui voir tenir la plume, et, si nous l'avons recueillie de ses mains, c'est pour suivre le plan qu'il avait suivi lui-même. Puissions-nous réussir selon ses désirs ! C'est une tache que nous n'avons point recherchée. Nous l'acceptons cependant volontiers à cause des titres et des droits qui nous valent cet honneur. En dehors des liens de famille qui nous unissaient à lui, nous sommes nés et avons vécu tous les deux au pied de la Sainte-Montagne. C'est à son école que nous avons appris les glorieuses origines de notre Sanctuaire bien aimé. Combien de fois nous sommes allé partager les séjours qu'il faisait là haut sur la montagne où les jours s'écoulaient dans la prière aux pieds de Notre-Dame ou bien à recevoir ses enseignements sur nos traditions.

Aussi cette œuvre que nous présentons aux nombreux pèlerins de Notre-Dame des Anges, n'est point la nôtre, mais la sienne. D'ailleurs les pages qui composent cet opuscule sont extraites presque textuellement de son ouvrage dont nous avons conservé le plan et les divisions.

I

Sainte Marie Madeleine et ses compagnes en Provence.

Il est dit, selon la légende romaine et les traditions, qu'après le martyre de saint Etienne à Jérusalem, les princes des Juifs, en haine du Sauveur, se saisirent de Marie Madeleine, de Marthe et de Lazare, de Marcelle, leur servante, et de plusieurs autres disciples. Ils les abandonnèrent ensuite sur un navire, sans voile ni gouvernail, à la merci des flots et à tous les dangers de la mer. Mais la Providence veillait sur les pauvres exilés qui souffraient la persécution pour *Celui à qui les vents et la mer obéissent* (1). Un souffle divin les poussa vers les côtes de la Provence ; ils abordèrent sains et saufs dans le port de Marseille (2).

Mais il n'y avait pas seulement dans cette barque la sainte famille du château de Béthanie. Nous y trouvons encore saint Maximin et la bienheureuse Nymphe, parente tout à la fois de ce disciple et amie ou servante de sainte Madeleine. Il y avait aussi les femmes et les veuves illustres

1. Mat. VIII, 27.
2. Bréviaire de Fréjus.

qui avaient connu et suivi sainte Marie Madeleine dans la Judée. Nous y trouverons enfin toutes ces femmes pieuses qui avaient suivi Jésus pendant les jours de sa vie publique et jusque sur le Calvaire, et parmi lesquelles il y avait Marie de Cléophas, Salomé (1). Ce sont toutes ces pieuses femmes qui, apprenant le prochain départ de Marie Madeleine, ne voulurent point s'en séparer, et préférèrent la suivre dans son exil ; car elles n'auraient pu supporter d'être privées des consolations qu'elles retiraient de leurs entretiens avec l'amie privilégiée du divin Sauveur. Aussi l'histoire nous représente toutes les saintes femmes marchant, en diverses contrées du monde, sur les traces de sainte Marie Madeleine dans l'œuvre de la propagation de la Bonne Nouvelle au milieu de la gentilité. Mais nous les voyons exerçant plus particulièrement leur zèle dans la Provence, où elles élèvent des oratoires, des autels et prêchent l'Evangile. Ce sont là vraiment les auxiliaires des apôtres. A Dieu ne plaise, a dit monseigneur Pie, que nous rejetions des titres d'antiquité que Rome nous reconnait ; notre patriotisme se glorifie, comme d'une conquête nationale, de l'opinion, qui admet que la plupart de nos provinces ont été amenées à Jésus-Christ avant les peuples de l'Afrique et des Indes. Nous lisons, d'autre part, dans un livre liturgique, que les Saintes Maries Jacobé et Salomé, après être descendues du vaisseau qui avait abordé heureusement en Provence, commencèrent aussitôt à annoncer l'arrivée du

1. Luc., XXIII, 49.

Fils de Dieu ; elles choisirent ensuite dans le lieu appelé aujourd'hui la Camargue un asile où elles purent se livrer à la prière et au recueillement ; elles y fondèrent une communauté de femmes ; et c'était là inaugurer en quelque sorte la vie religieuse. Sainte Marthe fit de même à Tarascon, où elle s'était retirée avec une suite nombreuse, après avoir édifié par ses vertus et ses miracles la ville de Marseille ; et c'est là qu'elle se sépara de sa sœur Madeleine. Mais tout en vivant dans la solitude, elle en sortait de temps à autre pour aller instruire ou visiter les populations des villes et des contrées que saint Parménas avait évangélisées. Il en fut de même encore pour plusieurs autres saintes femmes qui annoncèrent Jésus-Christ en divers lieux, où la Providence les avait conduites. C'est ainsi qu'il est dit que les saintes Maries Jacobé et Salomé élevèrent dans ce lieu appelé depuis les Trois-Maries une église en l'honneur de la Sainte Vierge, en témoignage de reconnaissance pour sa protection depuis leur départ de la Palestine jusqu'à leur arrivée dans les Gaules. Mais il ne faudrait point croire que toutes les saintes femmes aient agi de leur propre autorité dans cet œuvre de la propagation de l'Evangile : elles étaient simplement les auxiliaires des Apôtres et envoyées par eux en vue de leur préparer les voies ou de veiller sur les chrétientés. De même que la Samaritaine, instruite par Jésus-Christ, lui amena ses compatriotes ; et voici qu'un grand nombre de Samaritains vinrent vers Jésus ; ils l'entendirent et ils crurent en lui (1).

1. Jean. IV, 39.

Ainsi faisaient les saintes Femmes ; elles redisaient aux païens l'enseignement évangélique que Jésus-Christ avait donné aux peuples de la Judée ; puis elles les amenaient vers les Apôtres, et tous se convertissaient à la foi chrétienne.

Or, s'il en a été ainsi du zèle de ces saintes femmes pour faire connaître Jésus-Christ, que dirons-nous de l'apostolat de sainte Marie Madeleine à prêcher l'Evangile dans ces contrées ? Dès son arrivée à Marseille, elle comprit la mission qu'elle avait à remplir. La voilà, venant se placer sous la direction de saint Maximin, et tous les deux commençant à évangéliser la ville d'Aix pour se répandre ensuite dans les bourgs et les villages environnants, tandis que Lazare reste définitivement à Marseille. Quant à notre sainte pénitente, bien qu'elle se fût retirée dans la forêt de la Sainte-Baume, toujours remplie de l'amour de son divin Maître et du désir de sauver des âmes, elle se dérobait aux délices de la contemplation et de la société des Anges pour s'en aller, de temps à autre, annoncer la Bonne Nouvelle aux idolâtres du pays ou confirmer les néophytes dans la foi, mais elle était suivie dans ses courses apostoliques de quelques amies qui partageaient son zèle et son dévouement pour propager la connaissance de l'Evangile dans notre Provence.

On la voyait donc, parcourant les villes et les bourgades voisines, prêchant partout l'amour et la fidélité au Sauveur Jésus ; puis elle s'en revenait dans sa chère solitude, chargée des fruits de son apostolat, pour y continuer sa vie de prière et de pénitence.

Les conversions se multipliaient, car Dieu accompagnait ses paroles de miracles si nombreux et si surprenants que des populations entières acclamaient à sa vue le nom de Jésus-Christ et demandaient le baptême. Telle est la tradition que nous trouvons consignée dans des auteurs ecclésiastiques et qui nous est confirmée par le culte que les populations de la Provence rendent à sainte Madeleine. Aussi vous trouverez dans toutes les églises du diocèse de Fréjus une chapelle ou un autel ou une statue ou un tableau qui rappellent son souvenir à la piété des fidèles. De là cette invocation insérée dans les litanies qui sont en usage dans certaines églises du diocèse : *Sainte Marie Madeleine, apôtre des apôtres, priez pour nous. Sancta Maria Magdalena, apostola apostolorum, ora pro nobis.* En effet, n'est-ce point sainte Madeleine qui vint anoncer aux apôtres que Jésus-Christ était ressuscité ? *Jésus, écrit saint Marc, étant ressuscité le matin, au premier jour de la semaine, apparut premièrement à Marie Madeleine de laquelle il avait chassé sept démons. Et elle alla l'annoncer à ceux qui avaient été avec Lui, et qui s'affligeaient et pleuraient (1).*

Ainsi Marie Madeleine est la première qui est venue vers nos ancêtres encore païens leur annoncer l'Evangile, dès le premier siècle de l'ère chrétienne. C'est donc cette mission qu'elle a remplie dans le bourg des Pins, et c'est à la suite de ses prédications que nos ancêtres, abjurant leurs erreurs, embrassèrent la foi chrétienne.

1, Marc, XVI, 9. 10.

II

Sainte Marie Madeleine confie à la bienheureuse Nymphe la mission de veiller sur la nouvelle Chrétienté du bourg des Pins.

Sainte Marie Madeleine, lorsqu'elle quittait la Sainte-Baume, pour évangéliser les populations voisines, emmenait toujours avec elle quelques unes de ses compagnes qui partageaient sa vie de prière et de solitude. D'autre part, si elle réussissait à convertir des païens, elle laissait au milieu de cette chrétienté, une de ses suivantes pour y continuer son œuvre.

C'est ainsi qu'elle fut amenée à se séparer de la bienheureuse Nymphe pour qu'elle demeurât dans le bourg de Pignans, parce que les habitants renoncèrent à leurs erreurs et embrassèrent le christianisme. La Vierge chrétienne eut donc la mission de veiller sur ces nouveaux disciples de Jésus-Christ. De même que les apôtres se séparaient les uns des autres à mesure qu'ils évangélisaient des contrées, les uns montant vers le Nord, d'autres descendant vers le Midi , ainsi firent les saintes Femmes ; elles se dispersèrent dans toute la Provence pour travailler à la propagation de l'Evangile. Quant à sainte Marie Madeleine, elle porta ses pas vers les contrées qu'avaient évangélisées saint Maximin ; et c'est ce qui nous fait croire que le bourg des Pins reçut l'Evangile tout à la fois de saint Maximin et de sainte Marie Madeleine. Mais voici qu'à leur tour ils confièrent cette chrétienté au zèle et aux soins de la bienheureuse Nymphe. D'ailleurs le bourg des Pins avait dû tout particulièrement attirer leur attention depuis longtemps, d'abord parce qu'il se trouvait à une faible distance de la Sainte-Baume, ensuite à cause de sa situation et de son importance militaire, comme forteresse romaine ; de sorte qu'il n'y avait pas seulement des païens du pays à convertir, mais encore des soldats romains. Tel était le champ du père de famille qui était confié à la bienheureuse Nymphe. Voulez-vous connaître l'importance de ce bourg des Pins ? C'est là et dans ses environs que les troupes de Thierri remportèrent une grande victoire contre les troupes d'Amelrich, le roi des Visigoths. On y voit encore des ruines qui attestent qu'autrefois il y avait eu là de nombreuses constructions. Il suffit de creuser un peu le sol dans les jardins ou dans la campagne pour y retrouver des pièces de monnaies remontant à l'époque des premiers siècles. Ce sont là des preuves manifestes que les Romains avaient en cet endroit un établissement des plus considérables à tous les points de vue.

Mais l'Histoire que dit-elle de la bienheureuse Nymphe qui vient ainsi vivre au milieu des nouveaux chrétiens de Pignans ? Nous savons déjà qu'elle était la parente de saint Maximin et l'amie ou la servante de sainte Madeleine. C'est à ces deux titres qu'à l'exemple des autres saintes Femmes, elle vint dans les Gaules avec la sainte famille de Béthanie. Il est probable qu'elle dût.

comme c'était l'usage à cette époque, abandonner son nom hébreu pour en prendre un autre conforme à ceux de sa nouvelle patrie que Dieu lui donnait. D'autre part, si elle adopta un nom d'origine grecque, ce fut à cause de l'idiome des Phocéens, répandu depuis longtemps dans la Provence. Enfin les auteurs ecclésiastiques, cités dans Baronius parlent tous, il est vrai, d'une sainte de ce nom martyrisée dès le berceau de l'Eglise, mais en même temps ils ajoutent que sa vie est des plus obscures, comme s'exprime Tillemont ; car on raconte, tant sur le lieu de sa naissance que sur celui de sa mort, des choses si contradictoires qu'elles ne peuvent se rencontrer dans une même vie. En effet, les uns veulent qu'elle ait souffert le martyre dans la Syrie, les autres parlent des Gaules et même des contrées plus au Nord. La légende Romaine n'est pas non plus très explicite sur ce sujet. Elle dit simplement qu'une vierge de ce nom, qui avait confessé à haute voix la divinité de Jésus–Christ, fut à l'instant même condamnée et mise à mort en même temps. C'est ainsi qu'elle obtint la double couronne de la virginité et du martyre. Il nous parait résulter de toutes les diverses opinions une lumière qui éclaire jusqu'à un certain point la question qui nous occupe. Nous avons entendu divers auteurs nous dire qu'une sainte de ce nom est venue de Syrie, et il y en a d'autres qui nous ont dit ensuite qu'elle a été martyrisée en un lieu qui échappe à l'Histoire. Ne croyez-vous pas qu'on puisse à travers toutes ces obscurités trouver quelques indices sur la vie et la mort de l'amie de sainte Madeleine ? Quant à nous, nous n'hésitons pas à admettre que la bienheureuse Nymphe, qui s'est fixée au bourg des Pins, au milieu de cette nouvelle chrétienté, pour vivre parmi tous les chrétiens convertis par sainte Madeleine, est vraiment originaire de la Syrie en Palestine et qu'elle a versé son sang pour la foi dans le bourg même des Pins. C'est bien cette opinion ou tradition qui nous est présentée dans la charte de Thierri dont la date remonte à l'année 507. Quelle raison pourrait-on nous invoquer pour que nous n'acceptions pas cette tradition ?

D'ailleurs voyez ce qui parait, au contraire, en confirmer la vérité. Il est formellement déclaré dans cet acte que l'Evangile fut prêché dans cette contrée dès l'origine du Christianisme. C'est encore dans cette charte ou décret qu'on fait mention d'autels érigés en l'honneur de la Mère de Dieu ; et que cet autel et cet oratoire seraient dûs à l'initiative de la bienheureuse Nymphe, la compagne de sainte Marie Madeleine. Enfin il nous est dit dans cet acte que cette fondation eut lieu à la suite des prédications de sainte Marie Madeleine qui avait laissé au milieu de tous les chrétiens la bienheureuse Nymphe pour y continuer son œuvre. C'est là notre tradition qui a toujours subsisté parmi les populations qui vivent au pied de la Sainte-Montagne. Voilà pourquoi nous croyons à cet héritage de piété que nos pères nous ont légué et que nous nous faisons un devoir de conserver pour le transmettre, à notre tour, à tous ceux qui viendront après nous.

III

La bienheureuse Nymphe inaugure le culte de Marie parmi les chrétiens de Pignans.

C'était l'usage dans la primitive Eglise d'élever des oratoires et des autels en l'honneur de la Vierge Marie, bien qu'elle vécut encore sur la terre, parmi les chrétiens qui avaient embrassé la foi chrétienne. Les apôtres en donnèrent l'exemple aux fidèles, et c'est ainsi qu'ils enseignèrent à l'Eglise la place que la Mère de Dieu devait avoir dans le culte catholique. Comment rappeler et honorer les mystères de la vie temporelle du Sauveur sans honorer sa très sainte Mère qui en a été la coopératrice ? C'est bien par son ministère qu'un Sauveur nous a été donné.

En voici quelques preuves, de ce culte rendu à Marie. On a trouvé au tombeau de saint Trophime à Avignon une plaque de marbre avec cette inscription : « *Sacellum dedicatum Deiparœ adhuc viventi. Chapelle dédiée à la Mère de Dieu vivant encore sur la terre.* » Ce marbre a été transporté à Rome sous le pontificat d'Urbain VIII. Une pieuse croyance des Carmes rappelle que des disciples contemporains de la Mère du Sauveur, qui avaient pu jouir de sa conversation, lui consacrèrent un oratoire sur le Carmel dans le lieu même où le prophète Elie avait vu s'élever dans les airs la nuée légère qui était le symbole de la Vierge Marie. En Espagne saint Jacques y fut visité par Marie elle-même qui fut transportée auprès de lui par le ministère des anges. Voici ce qu'elle lui demanda : « Bâtissez, lui dit-elle, une église en mon honneur. » C'est cette église qui subsiste encore aujourd'hui à Saragosse. Elle est connue dans le monde chrétien sous le nom de Notre-Dame del Pilar. Nous apprenons encore que saint Martial, le disciple que Jésus-Christ avait envoyé lui-même dans les Gaules, construisit plusieurs églises en l'honneur de Marie ; et les villes qui furent ainsi favorisées sont Anie, Clermont, Mende et Roc-Amadour. La légende du diocèse de Mende, qui en fait mention, a été approuvée par la Congrégation des Rites. Il est vrai, la décision romaine n'entend approuver que la légende qui est sous ses yeux, mais on ne peut nier qu'il ne résulte de cette approbation une certaine autorité pour d'autres traditions qui se ressemblent et paraissent avoir la même origine ; en sorte que tous ces sanctuaires remontent aux temps apostoliques. Aussi peut-on affirmer, sans crainte de se tromper, que toutes les manifestations de la dévotion envers Marie ont une source commune, c'est-à-dire le culte que l'Église entend rendre à la Mère de Dieu durant le cours des siècles.

C'est ce qui nous porte à accepter en toute confiance et sans aucune difficulté notre tradition qui nous montre la bienheureuse Nymphe, tout en continuant sa mission, s'appliquant à élever dans le bourg des Pins un oratoire et un autel à la Sainte Vierge, dès les temps apostoliques. Nous devons même croire qu'elle présente à la vénération des fidèles une image de la Vierge

Marie, sculptée sur bois. D'ailleurs la disposition des lieux rendit facile à la bienheureuse Nymphe l'œuvre qu'elle désirait accomplir. On sait qu'une citadelle, chez les Romains, embrassait presque toujours un espace de terrain assez suffisant pour que plusieurs édifices religieux et civils pussent s'y trouver réunis. L'édifice religieux s'appelait *édicule* ; et quand les habitants du château, du fort ou du bourg des Pins passèrent du Paganisme au Christianisme l'*édicule* devint l'église. C'est ainsi que dans les Gaules on ravissait de même au chêne druidique sa mystérieuse et vieille sainteté ; c'était empêcher le peuple de continuer à s'agenouiller, sous ses branches pénitentes, pour vénérer la belle Méhalonia aux souliers d'or ; de sorte qu'on ne croyait plus voir la lune descendre du ciel, couverte d'un voile blanc, mais on se trouvait en présence d'une image de la Vierge Marie, placée dans le creux de l'arbre.

Mais voici la persécution qui, partie de Rome, sous les empereurs Néron et Claude, va s'étendre dans les Gaules. Saint Lazare a déjà terminé sa carrière en confessant la foi ; il a souffert le martyre. La bienheureuse Nymphe, l'apôtre du bourg des Pins, a la gloire d'être une des premières victimes immolées. L'oratoire, dédié à Marie, fut renversé, et c'est à peine si à l'époque des guerres des Francs avec les Visigoths, il en restait encore quelques vestiges. Les persécutions durèrent trois siècles, et pendant ce temps les fidèles de Pignans vinrent se réfugier dans les flancs de la montagne, et c'est là qu'ils durent transporter les objets de leur culte, qui constituaient leur trésor le plus précieux.

L'image de Marie avait été cachée pendant les jours mauvais pour la soustraire aux profanations des persécuteurs. Il est probable que les habitants de Pignans l'avaient emportée avec eux, lorsqu'ils vinrent se retirer sur la montagne ; car c'est là qu'elle fut plus tard retrouvée sous des débris qui n'étaient que les ruines d'un premier et pauvre édifice destiné à lui servir d'abri pendant les persécutions. C'est de la même manière, dit Pitton, que les chrétiens de la ville d'Aix et des environs s'étaient empressés de soustraire à la fureur des impies les reliques des saints en les tenant cachées sous la terre ou dans le creux des rochers. Mais le frêle abri du désert ne pouvait longtemps rester debout, car, après la dispersion ou la mort des fidèles, aucune main amie n'était plus là pour le protéger et le préserver des ravages du temps ; il tomba et ensevelit la sainte image sous les décombres. La bruyère et l'herbe sauvage envahirent bientôt les murs écroulés ; et, à l'époque de la fondation du couvent des Augustins, on pouvait encore distinguer les ruines du sanctuaire, bâti par la bienheureuse Nymphe, dans le bourg de Pignans. Quant à la statue de Marie et au sanctuaire provisoire qui avait été élevé sur la montagne, au milieu des bois, on en avait perdu non seulement les traces, mais encore le souvenir ; de sorte que nul ne savait ce qu'était devenue la statue, le précieux trésor ; on ne savait pas non plus si elle avait été détruite ou si elle était cachée dans un coin de la forêt de la montagne, et, ce qui est triste à dire, c'est que les générations qui vinrent après ces jours mauvais ne montrèrent aucun zèle pour retrouver cette image de Marie que nos ancêtres avaient honorée dans le bourg de Pignans.

IV

La Charte du roi Thierri touchant l'apostolat de la bienheureuse Nymphe et le culte de Marie dans le bourg des Pins.

Le décret ou la charte de Thierri, étant le plus ancien monument qu'on possède sur notre tradition, il n'est pas nécessaire de chercher un autre guide pour arriver à son origine. C'est le décret qui fixe son point de départ, et c'est donc à lui qu'il faut revenir, comme on remonte le fil de l'eau, pour arriver à la source. C'est ce que nous allons faire.

L'auteur de l'ouvrage en latin qui a pour titre : Défense de la foi et de la piété de la Provence pour les saints Lazare, Marie Madeleine, etc.. rapporte en entier cette charte et la fait précéder de quelques considérations chronologiques qui s'appliquent aussi bien à la charte elle-même qu'à la tradition qu'il défendait. « Il y a de l'apparence, dit-il, que Thierri fit de grands exploits, en quelques endroits de Provence, quoiqu'il n'emportât pas les principales villes. Car il est marqué, dans cet écrit, qu'au lieu où se trouve aujourd'hui Pi-

gnans, qui était alors une forêt de pins, il y eut
un grand combat, entre ce prince et les Visigoths,
sur lesquels il remporta une signalée victoire, et
qu'en reconnaissance de cette faveur du ciel, il fit
bâtir, dans ce même lieu, une église en faveur de
la Sainte Vierge, sous le nom de Notre-Dame de
la Consolation. Mais il faut corriger le nombre des
ans marqué dans cette charte, et au lieu de 503
auxquels elle dit que ceci est arrivé, il faut
lire 508. »

Charte de Thierri

Au nom de Notre Seigneur Jésus-Christ, Fils de
Dieu éternel, qui pour la Rédemption mourut sur
a croix dans la sainte ville de Jérusalem. L'an de
lJésus-Christ 517, aux ides de Juillet, nous noti-
fions à tous les fidèles du Christ, par cet acte public et authentique, que le très illustre prince
Thierri, fils de Clovis, roi de France, comte de la
Gaule Narbonnaise, après avoir convoqué les
évêques, Césaire d'Arles, Cyprien de Toulon, Ho-
norat de Marseille, Didyme de Riez, sous le pontificat du pape Symmaque, en reconnaissance de
la victoire remportée sur les Goths, et aussi dans
le but d'être utile à son âme et à celle de ses parents, a résolu de bâtir un monastère et une église
en l'honneur de Jésus-Christ et de la Vierge Marie
de la Consolation, et sera desservie par les religieux de l'ordre de saint Augustin. Elle sera cons-
truite dans le bourg des Pins, au dessous même
de la forêt où l'on voit encore les traces d'une ancienne église consacrée à la bienheureuse Marie.

C'est là aussi que fut découverte une image de la même Vierge Marie, sculptée en bois.

La bienheureuse Nymphe, issue de la famille de saint Maximin, et plus tard martyrisée par les barbares, avait construit le premier édifice à l'époque où Marie Madeleine et les autres disciples étaient venus dans les Gaules annoncer l'Evangile de Jésus-Christ. Le même prince affecte pour l'entretien de ce monastère, des propriétés et des revenus considérables et il fournit pour les frais de construction trois cents sous d'or.

Nous Thierri, prince et comte de la Gaule Narbonnaise, avons publié cette constitution, écrite de la main de Tibérius, notre Chancelier, et l'avons signée et marquée de notre sceau.

De par le Prince et Comte.

C'est à ce sujet que le P. Guesnay de la Compagnie de Jésus nous apprend, dans son ouvrage des annales ecclésiastiques, qu'on pouvait voir, de son temps, dans les archives des Augustins de Pignans, des copies de cette charte, et voici ce qu'il en dit après l'avoir publiée : « La bienheureuse Nymphe, après avoir élevé cette antique chapelle, fut martyrisée par les barbares. La fondation des Augustins eut lieu sons le pontificat de Symmaque et de Césaire d'Arles. On peut consulter, pour de plus amples développements, les anciens manuscrits que l'on conserve dans l'église de Pignans. C'est là que nous avons lu ce qui vient d'être raconté sur la victoire de Thierri, sur l'établissement de la collégiale et sur l'érection de l'antique sanctuaire. Le P. Guesnay nous dit encore au sujet des manuscrits qu'il avait vus à Marseille dans l'abbaye de Saint-Victor, fondée par Cassien en 410 : « Il résulte des recherches que nous avons faites dans les annales des Phocéens, que la Maison sacrée de la Vierge Marie de Pignans, au diocèse de Fréjus, a toujours joui d'une grande vénération et d'une célèbre renommée parmi les chrétiens, et que les auteurs de cette antique piété furent Marie Madeleine et Lazare, et les autres disciples du Sauveur qui vinrent aborder si miraculeusement à Marseille. Quant à la véracité de ce document, voici ce qui eut lieu en 1696, lorsqu'entre le Chapitre de la Collégiale de Pignans et les Pères Jésuites, il s'agissait d'opérer la réunion de la prévôté de Pignans avec le séminaire de Toulon. Le Chapitre s'adressa à quelques docteurs de Sorbonne pour savoir s'il aurait le droit de s'opposer à cette réunion. Les docteurs répondirent par un mémoire explicatif qui fut, sur le champ, envoyé à Rome. Or cette sorte de plaidoyer contenait la phrase suivante. « Dans le cas que le Saint Père veuille passer outre, on n'a pas d'autre motif, dans les expédients qu'on propose, que celui de conserver quelque éclat à une église qui n'a jamais rien fait pour le perdre, et qui *ayant eu le bonheur de subsister pendant douze siècles,* malgré les vicissitudes des temps et de la fortune, ne devrait pas avoir le malheur de succomber aux attaques de ses ennemis. »

L'union n'eut donc pas lieu, car on reconnut l'authenticité de ce document qui établissait que cette fondation avait été faite par le roi Thierri.

Ainsi les raisons puisées dans la charte parurent suffisantes aux yeux de tous et même des hommes les plus compétents pour arrêter une mesure désastreuse. Quant à nous, souvenons-nous à notre tour, pour y trouver et conserver à nos âmes cette pieuse tradition, que le culte de Marie a été inauguré à Pignans par la bienheureuse Nymphe, dès le premier siècle, et que nos ancêtres ont connu tout à la fois Jésus-Christ et la Sainte Vierge. Soyons donc fidèles à conserver le précieux héritage de notre foi en Jésus-Christ et de notre dévotion envers la Sainte Vierge.

V

La statue de Marie, honorée dans le bourg des Pins, est retrouvée sur le sommet de la plus haute montagne des Maures.

Il ne s'agit point ici de résoudre un problème historique. Nous avons seulement à constater un fait, en racontant simplement comment la Sainte Vierge a disposé les choses, afin que les fidèles de Pignans arrivassent à retrouver la statue de Marie que leurs ancêtres avaient perdue depuis de longs siècles.

Nous voyons dans les Saintes Ecritures que Dieu a toujours aimé les bergers et qu'il les a choisis souvent pour être les coopérateurs de ses œuvres ; il leur a même assigné une place privilégiée dans les mystères de notre sainte religion. Après Adam et Eve, le premier juste qui a paru sur la terre, c'est le fils Abel qui fut pasteur de brebis ; puis vinrent Abraham, Isaac, Jacob et ses douze fils qui tous n'étaient que des pasteurs, des bergers, passant leur vie à garder des troupeaux. David eut de même à garder les troupeaux de son père Jessé. De pasteur de brebis, il devint pasteur d'hommes, et il a été élevé sur le trône d'Israël. La vie aventureuse de ces hommes du désert, dressant et repliant leurs tentes, leur isolement du tumulte des villes et de leurs voluptés, la vue habituelle des astres qu'ils interrogent à toutes les heures du jour et de la nuit, la nature de leurs occupations qui sont toujours les mêmes, tout cela semble les disposer merveilleusement aux communications célestes.

La Sainte Vierge, pour se communiquer aux hommes, pour leur communiquer ses grâces, nous la voyons dans l'histoire des saints choisir de pieux bergers ou de jeunes bergères pour se manifester par leur intermédiaire, pour en faire ses ministres visibles. C'est ce qu'elle fit pour fournir aux habitants de Pignans la joie de retrouver son ancienne statue. Il y avait, en effet, un berger qui gardait habituellement son troupeau sur le sommet de la montagne des Maures. Un jour il remarque que son chien, le compagnon fidèle et le défenseur intrépide de son troupeau, se résigne difficilement à le suivre, s'il s'éloigne du sommet de la montagne ; et même lorsqu'il conduit son troupeau vers les clairières de la montagne, le chien n'obéit point à sa voix, car il semble vouloir remonter sur le sommet de la montagne. Mais voilà que notre berger, au lieu de conduire le troupeau, en abandonne, pour ainsi dire, la direction à son chien qui, semblant comprendre ce que son maître exigeait de lui, prend le chemin du sommet de la montagne, et entraîne tout le troupeau avec lui. Le berger se rend à son tour sur la montagne et, ne voyant point son chien au milieu de son troupeau, se met à sa recherche. Mais il entend bientôt des aboiements tout joyeux. Il finit par l'apercevoir sur la plus haute cime qui couronne la forêt. On dirait que son chien l'appelle et l'invite à venir le rejoindre. C'est ce que fait notre berger, et il le voit fouiller la terre avec ses pattes, comme s'il voulait découvrir un objet qui se trouverait caché en cet endroit. Enfin le berger s'avance et constate que le terrain est couvert de fortes et vieilles broussailles qui rendent difficile l'accès où le chien a pu néanmoins se glisser. Il parvient, cependant, à se frayer un sentier avec beaucoup de peine, à travers tant d'obstacles. Il jette alors un regard sur tous les objets qui l'entourent : arbustes, buissons et herbes sauvages. Rien n'éveille son attention. Il continue néanmoins ses recherches, en écartant de ci de là les branches qui semblent défendre un buisson qui est tout entouré d'herbes et de pierres. Rien encore ne paraît indiquer qu'il y a là quelque chose d'extraordinaire, et il se demande s'il ne doit pas renoncer à toutes ses recherches.

Le chien, au contraire, qui semble avoir compris les pensées de son maître, ne cesse d'aboyer : tantôt il s'élance vers le buisson, comme pour le prendre d'assaut, tantôt il revient vers son maître pour l'inviter à revenir vers le buisson. Toute hésitation disparaît ; le berger se sent dominé par une force qui l'empêche de retourner sur ses pas, et, par un dernier effort, il écarte le feuillage et les herbes. O surprise admirable ! Le buisson, lui ayant ainsi découvert son précieux trésor, notre berger voit près du rocher, au pied d'une bruyère, une image de la mère de Dieu, les mains jointes, le visage rayonnant de joie et tout empreint d'une douce majesté. Quelle belle vision ! Le chien a compris que sa mission est finie, il cesse d'aboyer, il vient se coucher aux pieds de la statue, et il est là comme un gardien fidèle ; son regard va de son maître à l'image de Marie, semblant attendre des ordres pour les exécuter. Quant au berger, il est tombé à genoux, et, tout plongé dans ses prières, il admire, il contemple le trésor ineffable qui s'est montré à lui dans ce lieu si désert, où il n'avait jamais rencontré que des loups, des sangliers et des oiseaux de proie. Mais il s'arrache à sa contemplation, il comprend qu'il ne peut toujours pas demeurer sur le Thabor. D'autre part il n'a pas la prétention de croire que cette apparition de l'image de Marie en trouvaille miraculeuse soit uniquement pour lui. Il se regarde plutôt comme le messager ou l'instrument de la Sainte Vierge pour s'en aller vers ses concitoyens et leur annoncer cette bonne nouvelle. De même que Marie a choisi le chien pour que le berger soit amené à découvrir son image qui était là sous la bruyère, ainsi a-telle choisit le berger pour qu'il aille, à son tour, faire connaître aux habitants de Pignans cette manifestation de sa bonté. Il descend donc de la montagne en toute hâte, mais en laissant son chien veiller tout à la fois et sur le précieux trésor et sur ses brebis.

Le berger, dès son arrivée au village, se rend auprès des membres du clergé, parcourt en hâte les rues et les places publiques, il entre même dans les familles, et à tous il fait le récit du bonheur qu'il a éprouvé sur la montagne et comment il a trouvé l'ancienne statue que leurs ancêtres avaient honorée dans l'église paroissiale. Bientôt tout le monde fut instruit de cette merveille, et tous se disent les uns aux autres : Passons jusqu'à la montagne et voyons ce qu'il y a de vrai dans cette bonne nouvelle. On part en foule, personne ne voulant rester étranger à ce spectacle inattendu, tous brûlant du désir de voir et de vénérer cette statue de Marie, la patronne et la protectrice de la cité. Guidé par le berger, le peuple se rend sur la montagne à la suite de ses chefs et de ses prêtres. Non, il n'y aura plus un si grand zèle parmi les habitants de Pignans pour se rendre sur la montagne en vue d'offrir ses témoignages d'amour à la bonne Mère. C'est là le premier pèlerinage dont l'histoire nous a gardé le souvenir. Quelle joie de retrouver la statue vénérée de Marie au pied du rocher, sous une bruyère. Voilà l'abri providentiel que la nature lui avait ménagé, et tous se prosternent devant leur précieux trésor. Quels chants d'amour s'élèvent de leurs cœurs envers cette bonne Mère

qui revenait habiter au milieu de ses enfants pour répandre, dans la cité et dans les familles, ses grâces et ses bienfaits ! Aussi semblait-elle leur dire : « *Venez à moi, vous tous qui me désirez avec ardeur, et remplissez-vous de mes biens (I).* »
Et nos pères crurent dès ce jour, lui dirent ce que tous les habitants de Pignans lui rediront durant le cours des siècles : *O Notre-Dame des Anges, priez qour nous* !

Priez pour nous, Vierge sacrée,
Priez pour nous votre cher Fils ;
Afin que nous ayons entrée
Au ciel, comme il nous l'a promis.

✳✳✳✳✳✳✳✳✳✳✳✳✳✳✳✳

VI

La statue, rapportée dans l'église paroissiale, est retrouvée sur le sommet de la montagne, et c'est là qu'on lui élève un sanctuaire.

La statue de Marie, ayant été reconnue celle qui s'était retirée sur le sommet de la montagne pour échapper aux persécutions, fut ramenée très dévotieusement en triomphe dans l'église paroissiale.

En effet, nul ne pouvait douter que Marie leur avait fait retrouver son image d'autrefois pour raviver les témoignages d'amour de tous ses en-

1. Eccl. XXIV, 26.

fants de Pignans. D'ailleurs tout concordait pour leur donner la certitude que c'était bien la même statue de Marie que leurs ancêtres avaient honorée et reçue des mains de la bienheureuse Nymphe ; car les traditions orales, dont un certain nombre s'étaient transmises dans le pays durant le cours des siècles, vinrent à leur tour confirmer les habitants dans leur foi en la bonté de Marie et en sa statue au milieu de leur cité. C'est ce qui les détermina à lui rendre son autel, son sanctuaire, et à la garder au milieu de leurs familles. On voulait aussi reprendre le culte que leurs ancêtres lui avaient rendu. C'est donc en triomphateurs qu'ils descendent de la colline, tous enviant le bonheur de porter le précieux trésor. Ils entourent leur bonne Mère pour lui prodiguer tous les témoignages de leur plus sincère dévotion, sans oublier toutefois de lui adresser leurs plus ferventes prières en vue d'obtenir les grâces dont ils avaient besoin. Combien ils avaient hâte de se concilier sa protection et de mériter ses intercessions auprès de son divin Fils. Nos pères furent tout heureux de lui rendre la place qu'elle avait occupée jadis dans l'antique sanctuaire élevé en son honneur par les compagnes de Marie Madeleine. Hélas ! nos pères furent bien trompés dans leurs espérances. Dès le lendemain de ce jour, la statue de Marie avait de nouveau disparu : elle n'était plus sur son autel, et c'est en vain qu'on la chercha partout dans l'église ainsi que dans le village, et on eut la pensée qu'on l'avait dérobée ; mais on finit par aller la chercher sur le sommet de la montagne au pied du rocher, sous les bruyères, et c'est là qu'on la retrouva. C'est ce qui se reproduisit quelques fois. Quand on la rapportait au village, le lendemain on la retrouvait encore sur la montagne. Combien de fois, ils la conjurèrent, en pleurant, d'agréer le trône que leur amour lui avait préparé ! Vaines larmes, inutiles supplications, la mystérieuse image n'était plus dans le hameau. La Providence, qui l'avait ravie autrefois à leurs devanciers pour l'abriter dans le désert, la ramenait toujours, par une main invisible, sur la montagne, au pied du rocher et sous la bruyère.

Il y avait là une invitation et un enseignement de Marie ; et c'est ce que tous comprirent. En effet, ils furent persuadés que si la Vierge avait bien voulu se laisser trouver par eux, elle ne consentait point cependant à abandonner ce lieu que sa douce présence avait sanctifié depuis des siècles. Ils pensèrent aussi qu'elle voulait peut-être leur donner une leçon et, qu'en préférant le culte champêtre aux honneurs dont elle aurait été l'objet dans la ville, son dessein était d'inspirer à ses enfants l'amour du recueillement et de la retraite. Car qui ignore que, dans les desseins de Dieu, la solitude et les bois, le vallon sacré et le ruisseau limpide, la voûte du firmament et la croix de bois solitaire répondent bien mieux au besoin de l'âme qui cherche Dieu que la vie tumultueuse des cités. Là, elle s'élève autant, en esprit, au dessus des choses d'ici-bas, qu'elle domine en réalité, par sa position, la vaste étendue du pays qui déroule à ses regards un horizon sans limites.

Ce sont là les vues que Dieu a toujours suivies envers les âmes. « Je les conduirai, a-t-il dit, dans la solitude, et je parlerai à leur cœur. » Ainsi la Sainte Vierge a-t-elle fait pour les habitants de Pignans. Elle voulait les appeler à venir la visiter dans son sanctuaire solitaire pour recevoir leurs prières et leur découvrir les trésors de son amour maternel. Mais une chapelle ou un oratoire au sommet de la montagne, deviendrait évidemment un centre de pèlerinage, exigerait ensuite un prêtre ou des prêtres qui auraient à s'y fixer d'une manière permanente pour recevoir les pèlerins. C'est ce que nos pères comprirent, car ils décidèrent qu'un prêtre, revêtu du titre de *Chapelain de la Bonne Mère* serait proposé à sa garde ; de sorte qn'il viendrait dresser sa tente dans cette paisible solitude auprès de l'image de Marie. De là la construction de l'ermitage. C'est ce qui a donné dans la suite une grande importance à ce pèlerinage, non seulement pour les habitants de Pignans, mais encore pour les populations des villages voisins. De là les nombreux pèlerins qui, à certains jours de l'année, s'y rendent en foule avec leurs prêtres pour visiter Notre-Dame dans son sanctuaire. Ils lui adressent leurs prières et ils en reçoivent des grâces tant pour eux-mêmes que pour ceux qu'ils ont recommandés à la Bonne Mère.

Aussi une chapelle fut bientôt bâtie, disons mieux, relevée de ses ruines ; car, depuis des siècles, l'auguste Vierge avait été l'invisible providence des pasteurs égarés, et le rocher resta le centre de l'autel qui lui sert actuellement de trône. C'est ainsi que Marie a posé son pied sur la Sainte-Montagne. Du haut de son trône, elle couvre de sa protection ses enfants qui travaillent et luttent dans la plaine. C'est encore du haut de la Sainte-Montagne qu'elle verse ses bénédictions et répand ses grâces, comme elle répond à toutes les prières de ses enfants. Notre dévot serviteur de Notre-Dame des Anges, l'auteur de ces pages que nous transcrivons ici, nous disait souvent : « Combien j'aime à élever mon regard vers la montagne de la Bonne Mère, aux heures où fatigué de combattre, j'ai besoin d'être assisté et soutenu des grâces d'en haut ; en quelque endroit que je me trouve dans la plaine, quel que soit le chemin que je parcours, quel que soit le travail qui m'appelle, je vois devant moi la Sainte-Montagne où ma bonne Mère a fixé son séjour, et je dis plein de confiance : *J'ai levé mes yeux vers les montagnes d'où me viendra le secours*. Que toutes les générations vous bénissent, Montagne sainte ! O vous, notre bonne Mère, vous brillante de justice, si j'ai à m'éloigner de vous, que mon regard ne puisse plus vous apercevoir, que ma mémoire du moins s'attache à vous et que mon amour aille sans cesse vous retrouver dans votre béni sanctuaire !

VII

La légende des trois filles de Pignans

Il y avait peu de temps que la chapelle était bâtie et que la Sainte-Montagne était visitée par des pèlerins, lorsque la Sainte Vierge fit éclater sa bonté et sa puissance envers ses serviteurs.

Il est dit que trois jeunes filles de Pignans avaient fait un vœu à Marie. Elles se rendirent donc dans son sanctuaire sur la Sainte-Montagne pour le lui présenter et lui demander les grâces dont elles avaient besoin. Les voilà sur le chemin qui conduit à l'ermitage et, tout en le suivant, tantôt elles récitent leur chapelet, tantôt elles s'entretiennent de leur bonne Mère.

Elles avancent doucement, car le sentier est rude et pénible. Enfin elles parviennent sur le sommet de la montagne ; elles sont là devant la chapelle, mais toutes saisies d'étonnement, car elles en trouvent les portes grandement ouvertes ; elles en franchissent le seuil aussitôt et courent se jeter aux pieds de Marie ; mais ici l'étonnement redouble, la statue a disparu, et c'est en vain que leurs regards déconcertés ne l'aperçoivent nulle part. Pleines d'angoisse, elles quittent le sanctuaire, elles s'en vont d'ici de là tout autour de la chapelle à la recherche de leur précieux trésor. Elles avaient déjà exploré inutilement les vallons et les bois de la forêt ; elles se dirigeaient du côté de la mer, lorsque leurs yeux aperçoivent au loin la Vierge Marie venant vers elles ; et les voilà se précipitant à sa rencontre : « O Vierge incomparable, lui disent-elles, d'où venez-vous ? » Marie leur répond : « Je viens des mers les plus éloignées. Un vaisseau, surpris par l'orage, allait être englouti par les flots ; les nautoniers du bord ont imploré mon secours, et je suis descendue vers eux pour les secourir. A peine ai-je touché de mes pieds leur barque fragile que tout péril a disparu. La nacelle s'est redressée et personne n'a péri, si ce n'est le patron qui proférait d'horribles blasphèmes contre mon Fils. » Il y avait déjà plusieurs années qui s'étaient écoulées depuis cet évènement, lorsqu'un barde chrétien, venu sur les lieux pour accomplir un vœu, entendit parler de ce miracle. Aussitôt il composa et entonna l'hymne historique qui retrace les diverses circonstances de l'apparition. Le chant du troubadour eut cette fois de l'écho parmi le peuple, qui, d'âge en âge et jusqu'à présent, aime toujours à le répéter en l'honneur de Marie. Voici le chant :

A la Bello Viergé de la Mountagno

N'en soun tres fillos de Pignans,
Qu'an fa nouveno à Nouestro-Damo,
O bello Viergé courounado !

Quand n'en fouguéroun amoun d'aout,
Plus de Viergé, l'an pas trouvado !
O bello Viergé courounado !

Visiteroun eiçà, délà ;
La vien veni touto bagnado.
O belle Viergé courounado !

O Viergé ! d'ounté venès-vous,
Que vous n'en sias touto arrousado ?
O bello Viergé courounado !

N'en veni deis plus aouteis mars,
Saouva uno nef qué si négavo.
O bello Viergé courounado !

Quand dedin n'ai poouva moun pè,
La barquo alor si rélévavo,
O bello Viergé courounado !

Iou n'ai soouva touto ma gens,
Fouar lou patroun qué rénégavo.
O bello Viergé courounado !

Aqueou que moun noum lauzara,
Va juri saouvara soun amo,
O bello Viergé courounado !

En lisant ce récit, entouré des fleurs de la poésie provençale, que la tradition nous a transmis, il y en aura peut-être qui le regarderont comme un conte ou une rêverie, n'ayant aucun fond de vérité. Quant à nous, nous l'acceptons au même titre que les manifestations de la bonté et de la puissance de Marie, racontées dans les vies des saints et des serviteurs de Dieu. On a vu des statues ou des tableaux, représentant l'image de la Sainte Vierge, remuer les bras ou les yeux, parler, verser des larmes, se déplacer, et même le sang couler d'un bras qui, sur le tableau, avait été mutilé. C'est ainsi qu'une image de la Sainte Vierge, donnée par la Be Colombe de Riéti, versait des larmes. Il y a eu, pendant la guerre entre Philippe Auguste et le roi d'Angleterre, un soldat qui, emporté par sa fureur impie et vomissant d'horribles blasphèmes, jette une pierre contre une statue de Marie tenant l'enfant Jésus dans ses bras. Il casse un bras à l'enfant Jésus, et le sang coule en abondance de la blessure (1).

1. Petits Bollandistes, VII, 77 et 350.

Saint Jacques de la Marche rendait une visite au Cardinal de Savone, et, comme il lui parlait d'un traité qu'il avait fait sur la Conception de Jésus-Christ, voici qu'une image de la Vierge Marie baissa la tête, à la vue de tous les assistants, en témoignage de la vérité de tout ce qu'il avait écrit sur ce sujet (1). Enfin lorsque les Dominicains furent obligés de quitter la Pologne pour fuir devant les Tartares, saint Hyacinthe s'arrêta devant une statue de Marie pour lui exprimer ses regrets de ne pouvoir l'emporter avec lui ; et tout aussitôt la statue lui dit, d'une voix fort distincte, en ouvrant miraculeusement la bouche : « Quoi, mon fils Hyacinthe, me laisserez-vous à la merci des Barbares ? Emportez-moi avec vous et ne m'abandonnez pas à l'approche de mes ennemis. » Le saint, fondant en larmes, lui dit : « Ma mère, comment pourrai-je vous porter ? Vous êtes si pesante ! » La statue, en effet pesait huit ou neuf cents livres. Marie lui répondit : « Ne craignez rien ; le divin Sauveur que vous portez avec vous me rendra si légère que vous n'aurez aucune peine à me porter. » Saint Hyacinthe n'hésita plus. Prenant du bras gauche la statue de Marie et tenant de sa main droite le saint ciboire rempli d'hosties consacrées, il se rendit de Kiew à Cracovie ayant parcouru plusieurs centaines de lieux (2).

Au récit de tous ces miracles de la bonté et de la puissance de Marie, comment ne croirions-nous pas à nos traditions nous racontant de sem-

1. Petits Bollandistes, XIII, 761.

2. Petits Bollandistes, IX, 610.

blables merveilles ? Nous oublions trop souvent ce que peut la puissance divine mise au service de la foi et de la prière. D'autre part, Jésus-Christ, comme l'a dit saint Bonaventure, a rendu sa très Sainte Mère participante de sa puissance et de sa bonté ! Ce n'est donc pas la puissance qui lui fait défaut pour accomplir de semblables prodiges, comme elle nous en a donné des preuves quand, après avoir été descendue dans l'église du village, on la retrouvait le lendemain sur l'autel dans son sanctuaire de la montagne. Pour ce qui est de sa bonté, laissez-nous voir, dans ce prodige, Notre-Dame des Anges voulant annoncer à tous les marins qui sillonnent la grande mer, qu'ils l'invoquent dans leurs dangers et qu'elle viendra à leur secours. Ainsi, du côté de Marie, rien ne contredit cette légende que la tradition nous a transmise. Il n'y a donc, de notre côté, qu'à mériter de semblables faveurs, et nous serons certainement exaucés dans nos prières.

VIII

Faisons, à notre tour, le pèlerinage de Notre-Dame des Anges.

Il est dit dans l'Evangile que chaque année la sainte Famille de Nazareth se rendait à Jérusalem pour se présenter au Seigneur dans le temple. Lorsque L'Enfant Jésus eut atteint l'âge de douze ans, il s'y rendit aussi avec ses parents pour honorer son Père céleste et s'acquitter de ses devoirs envers Lui. Il en est de même dans la ville de Pignans. Chaque famille chrétienne tient à honneur d'aller, au moins une fois chaque année, visiter Marie dans son sanctuaire. Les circonstances ne manquent pas. C'est surtout à l'occasion des pèlerinages de la paroisse, qui ont lieu le Mardi de Pâques, le Lundi de la Pentecôte, mais plus particulièrement pour la fête de la Visitation de la Sainte Vierge, pour la fête de sa Nativité et pour le Dimanche suivant ; puis la fête de la Présentation de la Sainte Vierge au mois de Novembre. Il y a encore, cependant, une autre circonstance qui est un jour de pèlerinage, c'est le lendemain du jour de la première Communion des enfants. C'est ce jour-là que les parents conduisent les enfants pour les consacrer à la Sainte Vierge. C'est ainsi qu'on leur apprend à se regarder pendant leur vie comme étant les enfants de la Bonne Mère de la Sainte-Montagne. Nous croyons que tous ces différents pèlerinages ont puissamment contribué à maintenir, parmi nos populations, les pratiques de la vie chrétienne.

Faisons donc, au moins en esprit, notre pèlerinage à Notre-Dame des Anges. Choisissons le 2 Juillet, qui est le jour de la fête de la Visitation. Dès le matin les rues de la ville de Pignans sont remplies par des pèlerins qui se rendent sur la *Sainte-Montagne*. C'est ainsi qu'on la désigne dans le pays, car, s'il est permis de comparer ce point obscur du globe à la majesté de ces montagnes dont nous parlent les *Livres Saints*, elle est, pour toute la contrée et surtout pour les serviteurs de Marie, ce que le *Thabor* a été pour la Galilée, et le mont *Moria* pour les habitants de Jérusalem. Joignez-vous à tous ces pèlerins du pays ou venus des villages voisins, vous allez mettre plus d'une heure à franchir la distance qui sépare Pignans de la Montagne. Vous arrivez ensuite à un petit plateau qui en forme la base, et c'est pour cette raison qu'on l'a nommé *lou pè de la Couelo*. Deux ruisseaux réunissent ici leur cours et, dans un très bref délai, vous aurez à les franchir l'un et l'autre. Dès ce moment la voie commence à être rude et escarpée ; c'est pendant plus d'une heure qu'il vous faut avancer à pas lents. Ne vous pressez pas, si vous ne voulez pas vous exposer à être bientôt brisé de fatigue et à vous arrêter en route ; mais ayez assez de courage pour tout surmonter. Figurez-vous que vous montez à l'assaut, non pour combattre, mais pour aller rejoindre des amis qui vous attendent dans une forteresse. Vous atteignez un rocher qui se trouve sur votre route ; considérez-le attentivement : c'est là, dit-on, qu'on entendit autrefois chanter les anges que la Bonne Mère envoyait au devant de ses enfants pour les saluer. Encore quelques instants de marche, et vous voyez devant vous, au milieu d'arbres, qui sont aussi anciens que les temps, la fontaine solitaire, miracle charmant de la Protectrice de ce lieu. Venez vous désaltérer, pèlerins, dans ces eaux salutaires. Cette source, qui jaillit presque au sommet, est doublement admirable : d'abord, elle coule toute l'année avec la même abondance, bien qu'elle soit à une altitude de 700 mètres ; et puis elle guérit et soulage de tant de maux ! Lisez enfin l'inscription séculaire : « La beauté de ce lieu fait oublier les peines de la route. »

Reprenez votre ascension : le sol que vous foulez maintenant sous vos pieds est sacré ; vous êtes entré dans cette partie de la montagne que l'on appelle le Domaine de la Sainte Vierge. Bientôt vous vous trouverez en présence du Sanctuaire qui est le but de votre pèlerinage et l'image de la véritable patrie.

Qu'importe donc que la course ait été pénible et longue ? Cette ombre de la céleste patrie vous réserve, comme elle, des douceurs qui font tout oublier. Et voici comment notre dévot serviteur de Marie nous raconte ses propres impressions : « Laissez-nous vous le dire, ajoute-t-il ; lorsqu'il nous a été donné, à certains jours, de mêler notre voix à celle des fidèles qui célébraient les louanges de leur Mère, nous n'avons pu nous défendre chaque fois de tressaillir en entendant ces paroles de l'office divin : « *Quasi cedrus exaltatus sum in Libano et quasi cypressus in monte Sion. J'ai été élevé comme le cèdre du Liban et comme le cyprès sur la montagne de Sion.*» Et vous aussi appliquez-vous à partager ces sentiments de joie, car vous voilà arrivé au sommet des Maures. Promenez vos regards autour de vous. C'est un spectacle grandiose et bien rare dans nos contrées. Au midi, à vos pieds, ce sont de petites collines, de différentes hauteurs, s'étageant pour ainsi dire les unes sur les autres et vous présentant de nombreuses vallées ; mais toutes ces collines comme toutes ces vallées ne sont couvertes que de chênes-liège et de châtaigniers ; à peine aperçoit-on de temps à autre quelques forêts de pins. C'est ainsi que votre regard vient se reposer sur les rivages de la Méditerranée, d'où il s'élance vers ce magnifique panorama qui vous présente sur les flots les nombreux navires qui s'en vont au loin ou qui reviennent des extrémités de l'Orient dans leur patrie. A votre droite saluez les iles d'Hyères et le pèlerinage de Notre-Dame de Consolation. Et maintenant, en vous tournant vers l'Ouest, c'est Toulon avec son port militaire qui se présente à vous. Remarquez les forteresses qui l'entourent, et la route qui le traverse vous conduit à Marseille. Mais regardez au Nord : la voilà la Sainte-Baume avec le Saint-Pilon, d'où nous sont venues sainte Marie Madeleine, la bienheureuse Nymphe, la prédication de l'Evangile et la foi chrétienne avec le culte de Marie. Vous avez devant vous tout le département du Var, traversé par la route qui part de Toulon et se dirige vers l'Italie : vous pourriez en compter tous les villages jusqu'aux montagnes de l'Esterel. Là portez vos regards encore plus au Nord, vous apercevrez les Alpes couvertes de neiges ; tournez-vous enfin vers l'Est, le département des Alpes-maritimes est là devant vous. Au loin c'est la Corse avec ses montagnes. Maintenant, après avoir bien considéré tout ce grandiose spectacle qu'on ne se lasserait jamais de contempler, abaissez vos regards, en voici un autre non moins digne d'attirer votre attention : c'est le sanctuaire de Marie, entouré de châtaigniers et de solitude.

Tout à côté c'est l'Ermitage, bien modeste construction, et une petite maison que le *Solitaire de la Montagne* avait fait constuire pour venir de temps à autre séjourner auprès de sa Bonne Mère.

Il est vrai, vous ne pouvez pas toujours jouir de ces merveilles que la nature et la religion vous présentent, car ici, comme en beaucoup d'autres régions de la terre, la montagne est souvent perdue dans les nuages. Job disait : « *Connaissez-vous les grandes routes des nuées ?* » On peut dire qu'elles sont là. On les voit s'élever de la mer, descendre dans les vallons, puis reprendre leur ascension vers la montagne, et, poussées par le vent, elles courent vers le Nord ou bien elles descendent à travers les collines, envahissant les vallons ou la plaine pour se répandre en pluies bienfaisantes sur les champs et faire ainsi prospérer le travail de l'homme.

IX

La Chapelle de l'Ermitage de Notre-Dame des Anges

Entrons dans la chapelle qui semble se dilater pour renfermer les nombreux enfants que l'amour amène aux pieds de leur Bonne Mère. D'ailleurs nous avons à lui rendre des devoirs, puisque nous sommes ses enfants ; et à lui adresser des prières, car elle est la dispensatrice des grâces dont nous avons besoin.

C'est l'heure de l'office divin, la cloche nous appelle, répondons à son invitation. Quelle admirable union des cœurs et des volontés pour honorer la Bonne Mère ! Voyez tous ces pèlerins de tout âge et de toute condition, mêlés, confondus, n'ayant qu'une pensée, c'est de correspondre par des témoignages d'amour à l'amour de Notre-Dame des Anges, la protectrice de leurs foyers, l'avocate de toutes leurs causes auprès de Dieu, et la dispensatrice des grâces qu'ils ont déjà reçues, comme des grâces qu'ils sont venus lui demander. C'est ici que tout est piété, pratiques de dévotions, cantiques d'amour, hymnes de reconnaissance ; c'est encore ici que les cœurs redisent les prières de son enfance chrétienne, et des lèvres qui s'étaient désaccoutumées à les dire les ont bien vite retrouvées pour les adresser à Marie dans des sentiments de repentir et de confiance filiale. C'est à cette heure surtout que nos cœurs et nos pensées s'en vont vers les absents de la famille, vers ceux qui souffrent, vers nos amis et nos bienfaiteurs. Ah ! ils ne sont point oubliés non plus les pauvres enfants prodigues qui vivent dans le monde, refusant de rendre leurs devoirs à Dieu et à Jésus–Christ. C'est avec des prières ferventes et les yeux baignés de larmes qu'on demande à Notre–Dame des Anges de les ramener au sein de la grande famille chrétienne. Il nous semble enfin que nous avons un devoir de charité à remplir envers les pèlerins qui sont venus avant nous ou avec nous à Notre-Dame des Anges, et qui ne sont plus de ce monde. C'étaient des membres

de nos familles, des amis, des voisins, des concitoyens. Il sont encore peut-être dans le purgatoire
où ils attendent maintenant que la Sainte Vierge
daigne les visiter pour les délivrer ou tout au
moins pour leur apporter quelque soulagement.
Présentons en leur faveur des prières à Notre-
Dame des Anges, afin qu'allant les visiter, elle
les emmène ensuite avec elle dans le ciel.

Ayant ainsi satisfait votre dévotion et l'office
étant terminé, laissez la foule s'écouler. Quant à
vous, restez dans la chapelle pour vous édifier.
Voyez-vous tous ces souvenirs, appendus aux
murs de la chapelle ? Ce sont des pages de l'histoire des manifestations de la puissance et de la
bonté de Marie envers ses enfants. Promenez
vos regards sur ces nombreux *ex-voto,* ces pauvres tableaux qui sont loin d'être des œuvres
d'art, voyez les fleurs qui ont perdu leurs cou-
leurs, les béquilles, et tous ces objets qui rappellent les grâces accordées. Ces témoignages
de la foi et de la reconnaissance, si peu intéres-
sants en eux-mêmes, offrent, cependant, un
charme qui attire notre âme et s'impose à
notre attention ; car les noms qui se trouvent
inscrits au bas de tous ces souvenirs, ont été
portés par nos ancêtres : ce sont aussi quelque-
fois des membres de vos familles qui ont obtenu
des grâces de Marie et qui ont bien voulu rendre
publique leur reconnaissance. Remarquez enfin
ces deux tableaux qui ont été peints du temps de
Louis XIII : ce sont des œuvres d'art. Mais ap-
prenez que tous ces souvenirs ont une voix qui
parle à votre cœur. Puissiez-vous l'entendre vous

disant : « S'il vous arrivait d'être affligés comme nous l'avons été nous-mêmes, ou si vous aviez besoin d'obtenir quelque grâce de Dieu, venez ici dans ce sanctuaire ; et si malades, infirmes ou dans l'impossibilité de faire vous-mêmes ce pèlerinage, si vous étiez menacés de quelque danger, que votre prière y vienne du moins, qu'elle monte de la plaine jusque sur la Sainte-Montagne ; suivez notre exemple, priez Notre-Dame des Anges, et, comme nous, vous serez exaucés. » Ce ne sera jamais en vain que vous l'invoquerez. Écoutez donc toutes ces voix qui vous parlent des bontés de la Sainte Vierge. Mais allez encore plus loin dans vos réflexions ; demandez-vous ce que vous dit le monument si simple, avec ses murs, ici décrépits et là restaurés. Vous apprendrez d'abord que cette chapelle a été édifiée à la suite d'un prodige qui est l'œuvre de la bonté de Marie sur cette montagne ; car l'homme, livré à lui-même, n'aurait jamais eu la pensée de venir honorer Marie, au milieu des bois, sur le point culminant de la forêt dont l'accès est si difficile. Vous reconnaîtrez ensuite qu'un homme sage et prudent n'aurait point élevé un édifice dans un lieu si souvent visité par les frimas et les tempêtes. Or si cette chapelle est là devant vous, alors que tout semble indiquer qu'elle devrait être placée dans le village ou tout au moins dans la plaine, c'est une preuve évidente que Marie par un signe extraordinaire a dû faire connaître que c'était sur cette montagne qu'elle désirait être honorée par ses enfants et se montrer leur protectrice. Un prophète de sa race avait annoncé aux nations qu'elle chercherait un repos parmi les peuples qui sont l'héritage du Seigneur. Ce repos, c'est parmi nous qu'elle l'a choisi. C'est sur cette montagne, aux pieds de sa chère image, dans cette chapelle, où elle aime à réunir ses enfants pour recevoir leurs prières et devenir ensuite leur médiatrice auprès de son divin Fils. Ecoutons ici notre dévot serviteur de Marie nous révéler ses propres impressions : « Lorsqu'il nous a été donné de venir, en vrais Israélites, faire une halte à l'ombre de ces pieuses retraites, ou l'âme se sent plus près de Dieu, d'où la prière s'échappe avec la rapidité de la flamme, il nous a semblé alors que le Ciel s'abaissait jusqu'à la terre et que le redoutable problème du salut était déjà résolu en notre faveur. »

Ces impressions étaient si profondément gravées dans le cœur du pieux serviteur de Marie qu'il aimait encore à nous rappeler en certaines circonstances ce qu'il avait écrit dans son volume : « Ces pages, nous disait-il, sont un miroir bien infidèle de nos impressions. Nous ne pouvons qu'abandonner notre âme à son émotion, comme autrefois les Hébreux au souvenir de Sion. Combien de fois la pensée, s'envolant sur les ailes de la mémoire, se surprend encore au milieu de ces lieux vénérés que nous ne quittons jamais sans nous promettre un prochain retour ! Elle nous rappelle les jours heureux, les longues heures où lisant et conversant avec quelques amis, nous redoutions d'entendre sonner l'heure du départ ; et, ne pouvant prolonger plus longtemps notre séjour dans ces régions sereines, nous cherchions à adoucir nos regrets par ces paroles de David entrevoyant déjà pour ainsi dire le jour où nous reviendrions : *Lætatus sum in his quæ dicta sunt mihi, in domo Domini ibimus.* Combien je me réjouirai, lorsqu'il me sera dit de revenir dans la maison de ma bonne Mère. Que la paix soit toujours dans tes murs, o Jérusalem, toi qui l'as si souvent procurée à mon cœur. *Fiat pax in virtute tua.* » Ainsi a-t-il exprimé ses sentiments dans les pages qu'il a écrites, et c'est ainsi qu'il a souvent parlé. Ce n'était point un vain mot que cet amour pour le béni Sanctuaire ; car, dès le jour où il fut prêtre, il y venait deux ou trois fois chaque année. Il y passait plusieurs semaines, puis il s'en retournait dans la paroisse où il exerçait le saint ministère. Il voulut même faire davantage. Il se fit bâtir tout à côté de l'ermitage une petite maison, afin d'avoir toute liberté d'y venir lorsqu'il en avait la possibilité.

C'est là que, pendant de longues années, il est venu avec un compagnon, mais laïque, qui était pour ainsi dire l'économe de cette petite communauté. *Le Solitaire de la Montagne* lui avait confié la charge de pourvoir aux soins matériels du logement, de préparer les départs et les retours, de faire monter du village les provisions nécessaires. Toutes ces relations entre lui et son compagnon fidèle lui étaient d'autant plus agréables qu'il avait ainsi plus de temps pour se livrer à la prière ; et puis ils avaient tous les deux des parents dans le pays qui, comprenant et secondant leur dévotion envers Notre-Dame des Anges, leur envoyaient des messagers chargés de leur venir en aide.

X
La Chapelle de Notre-Dame des Anges a été édifiée dans un siècle bien loin de nous.

La Chapelle de Notre-Dame des Anges n'offre rien de remarquable sous le rapport de l'architecture. C'est un carré long, à peine modifié par une faible abside que sa voûte écrase ; quelques pas seulement mesurent sa largeur, la décoration intérieure est presque nulle et d'un goût rustique ; l'autel a grand air, il est en marbre, de date récente, mais l'art n'en a pas surveillé l'architecture.

Mais étudions-la, cependant, au point de vue de son ancienneté, pour voir si nous pourrons assigner une date à sa construction. Il résulte d'abord de l'inspection de l'édifice que la Chapelle proprement dite a été bâtie en deux fois. Il y a la partie que nous appellerons la partie neuve qui ne pouvait être que le prolongement de l'ancien édifice, elle porte la date de 1606. Le sanctuaire au contraire, serait plus ancien et même très ancien. A la suite des fouilles pratiquées récemment, sous le grand autel, on aurait trouvé des tombeaux renfermant des débris d'ossements humains. Il n'a pas été possible, malgré l'examen attentif d'hommes compétents, de leur assigner une date ; il n'y a nul indice, aucune inscription sur la pierre qui puissent en révéler l'origine : il n'y a non plus aucun souvenir, dans les traditions orales, qui rappelle que des morts ont été déposés dans ce lieu ; de sorte que l'unique conclusion qu'on a pu en tirer, c'est que bien des générations ont disparu, depuis que ces restes mortels ont été confiés à la terre. Mais, en faisant de nouvelles recherches dans les archives de l'Hôtel de Pignans, on trouve des indications plus précises. Il est question dans une délibération du conseil municipal de l'an 1758, au sujet d'un procès entre la chapelle et la commune, qu'il y avait obligation pour les Chanoines d'envoyer des prêtres célébrer deux messes à l'Ermitage le 8 septembre, selon un usage constant, immémorial et établi depuis des siècles. Or si cet usage de célébrer des messes dans la chapelle existe depuis un temps immémorial ou depuis des siècles, il est évident qu'il en est de même de la construction de la chapelle.

Passons encore à examiner des délibérations. En voici une qui date de 1684. Elle est donc plus ancienne que la précédente. On y décide la construction d'un autel parce que celui qui existe est devenu hors d'usage, il est vermoulu. Quelques années après, c'est la toiture de la chapelle, ce sont ensuite les appartements qui entourent le lieu saint qu'on doit réparer. Ce sont là de nouvelles dépenses qui sont acceptées. Ce sont bein là des signes qui indiquent que la toiture et les appartements ne sont point de dates récentes. Enfin le conseil municipal, qui avait examiné la question du chapelain de Notre-Dame, est amené à reconnaître qu'elle a besoin d'être améliorée, et voici ce qui fut décidé : « Considérant que Notre-Dame est le patrimoine du pays, que la dévotion des peuples y est grande, que plus de mille personnes viennent la visiter le jour de la fête, et qu'on ne doit rien omettre pour maintenir cette piété, déclare qu'il faut rendre convenable la position du chapelain qui l'habite ; c'est pourquoi le Conseil lui alloue la somme de trente six écus qui lui seront comptés annuellement, sans que cela puisse tirer à conséquence. De plus il pourra, comme ses prédécesseurs, recueillir les fruits et les denrées du domaine ; il devra aussi acquitter les messes de fondation et remplir les autres fonctions de son ministère. » Vous le voyez, il ne s'agit point ici d'une création quelconque, mais d'améliorer la situation du chapelain qui demeurait à l'ermitage et de la rendre plus convenable en la mettant en rapport avec les exigences du temps. Il y a donc là dans toutes ces délibérations une preuve évidente que depuis des siècles, selon un usage constant et immémorial, il y avait un chapelain sur la Sainte-Montagne. C'est ce qui indique clairement qu'il y avait là une chapelle où il célébrait et une habitation où il put demeurer.

Continuons cette étude des archives de l'Hôtel-de-ville de Pignans. Nous y voyons qu'on commence toujours par affirmer que le Sanctuaire est *de la plus haute antiquité,* lorsqu'il s'agit de traiter d'une affaire, se rapportant à Notre-Dame, avec des particuliers au devant des tribunaux ; d'autre part, s'il s'agit seulement de régler une question se rapportant encore au Sanctuaire, *on décide qu'on agira et qu'il sera fait comme on a fait précédemment.* De là cette conclusion que tous ces procès-verbaux, ces délibérations et ces différents écrits sont des monuments qui nous font connaître l'esprit du temps et les opinions de l'époque, ainsi que les convictions des auteurs de ces délibérations plus à portée que nous d'aprécier ces questions, par la raison qu'ils étaient plus rapprochés du théâtre des évènements. Tout cela nous indique que tous ces auteurs étaient persuadés qu'au temps où ils écrivaient, *plusieurs siècles* s'étaient écoulés depuis cette fondation. Nous avons donc le droit et le devoir de garder leur manière de voir jusqu'à preuve du contraire. C'est ainsi que nous sommes amenés à partager l'opinion de ceux qui croient qu'un double dessein a présidé à l'origine du Sanctuaire et du pèlerinage de Notre-Dame des Anges. C'est d'abord le souvenir de *l'invention* miraculeuse de la statue de Marie dont on a voulu perpétuer le souvenir durant le cours des siècles et répondre par là même aux désirs de la Sainte Vierge. En second lieu, on a voulu édifier un monument comme un témoignage de reconnaissance pour l'expulsion difinitive des Sarrasins, car c'est vers le même temps qu'un évènement des plus considérables eut lieu dans la contrée.

Les Sarrasins venaient d'être chassés du midi de la Gaule par Boson, Guillaume 1er, comte de Provence en l'année 923, Poursuivis par les troupes de ce prince jusque dans leur dernier retranchement des montagnes des Maures, qui en ont gardé le nom, taillés en pièces à Fréjus, qu'ils avaient saccagé une dernière fois, ils étaient enfin rentrés sur le sol africain pour ne plus reparaître. Nos ancêtres furent ainsi délivrés des invasions de ces ennemis de notre sainte religion, et par là même ils n'eurent plus à craindre de tomber dans l'esclavage et d'être exposés à renier leur foi. De là leur reconnaissance envers Marie.

XI

La Statue de la Sainte Vierge.

Nous avons étudié la Chapelle de l'ermitage. Il nous reste à considérer la Statue de la Sainte Vierge qui est placée sur l'autel et qui a toujours été en grande vénération parmi les populations de la contrée et parmi les pèlerins venus sur la Sainte-Montagne.

Il ne s'agit point ici de discuter ni de résoudre un problème historique, mais de constater que cette statue a tous les caractères qui doivent nous la faire regarder comme étant de la plus haute antiquité ou pour mieux dire comme étant une œuvre du premier siècle. En effet, l'identité qui existe entre la pose de cette vierge et celle des vieilles statues de France et d'Italie ne peut échapper au regard de celui qui les a examinées, et encore moins au lecteur ayant parcouru les différentes notices qui en donnent des descriptions détaillées. Il n'y a pas seulement entre ces œuvres et notre Vierge une similitude vague, mais des rapports frappants tels que ceux qui résultent d'attitudes semblables, des formes prononcées dans un même sens. Il est vrai que les allures d'un objet d'art sculpté et peint révèlent beaucoup mieux le génie particulier de celui qui en est l'auteur, mais au dire de tous ceux qui ont écrit sur ces matières et dont le suffrage fait autorité, il y a, néanmoins, un côté saillant que l'influence de l'époque peut donner. D'autre part, lorsqu'on considère de près cette statue, débarassée des vêtements de soie qui l'enveloppent, on reconnaît aussitôt l'inhabileté d'une main lourde, peu exercée, qui rend mal l'expression. Au lieu d'habits qui flottent et plissent librement comme dans une œuvre achevée, ce sont des plis raides et uniformes ; c'est un agencement dont l'ensemble offre plutôt une ébauche qu'un trait fini. Mais l'inexpérience de l'artiste ne saurait lui enlever le cachet d'antiquité qui frappe le regard et qui le distingue.

Nous allons vous la présenter, afin que vous puissiez vous former une opinion sur ce sujet. La robe descend jusqu'à terre, elle est garnie à son pourtour d'une bordure à frange dorée ; un voile, en guise de manteau ; sa tête se confond avec les vêtements eux-mêmes qui sont également parsemés d'étoiles autrefois dorées ; les pieds se trouvent renfermés aujourd'hui dans un socle qu'on a adapté à la statue pour la préserver d'accidents possibles, à cause de la faiblesse de la base qui est entourée sur la partie antérieure des pieds, où des sandales, maintenant cachées, couvrent les pans de la robe qui les recouvrait en partie. La tête un peu haute, le teint bruni, les mains jointes, les yeux fixés au ciel, tout le corps enveloppé du costume hébraïque qui n'est autre que celui que nous venons de décrire, telle est la statue vénérée sur la Sainte-Montagne dans le sanctuaire de Notre-Dame des Anges. Elle inspirerait encore heureusement aujourd'hui l'artiste qui voudrait sculpter une vierge au regard céleste. Sa place est donc marquée dans les rangs des antiques images dont se glorifient la plupart de nos sanctuaires. Elle porte, comme elles, l'empreinte d'une exécution orientale ou tout au moins d'une reproduction primitive. Les villes de l'Asie et de la Grèce qui avaient reçu plus tôt la foi que leurs sœurs les Églises d'Occident, tout en leur transmettant la connaissance de l'Évangile, les rendaient ainsi participantes de ces premiers essais des artistes chrétiens. Le maintien de la Vierge regardant le ciel et joignant les mains, c'est bien l'idéal de la sainteté et de la gloire sous lequel les fidèles des premiers siècles aimaient à contempler Marie. C'est ainsi que la Madone du Sauveur, dite *Delle Capelle*, à Rome, qui est une fresque des premiers siècles, représente la Vierge de Saint Joachim, les mains jointes et le regard angélique. Plusieurs autres Vierges, dit l'auteur de l'histoire de Léon X, trouvées dans les catacombes ou honorées dans d'autres sanctuaires, peintes ou sculptées, offrent la même attitude et viennent également des temps les plus rapprochés du berceau de l'Eglise.

Aussi nous n'éprouvons aucune peine de renoncer aux preuves de vétusté qui suffiraient probablement à établir l'âge de la précieuse Statue, car elle nous présente réellement un caractère d'antiquité qui s'impose. Mais si les termes de la Charte de Thierri doivent avoir quelque valeur, ils sont, cependant, de nature à jeter sur la question le plus grand jour. Qu'on nous permette donc de les rappeler ici. Les voici : « C'est dans ce lieu qu'avait été trouvée une image de Marie sculptée sur bois, dès le temps des disciples du Sauveur. » Remarquez qu'en parlant ainsi au commencement du sixième siècle on voulait parler d'un fait qui avait eu lieu trois ou quatre cents ans avant la fondation de la Chapelle de l'ermitage, et le lieu que l'on indiquait, c'était l'emplacement dans le bourg des Pins où la bienheureuse Nymphe avait fait son premier séjour. D'ailleurs ces mots : *Une image de Marie sculptée sur bois,* éveillent l'idée d'une œuvre exécutée sous la dictée pour ainsi dire de ces saints personnages, dans l'esprit desquels les traits de la Mère de Dieu étaient encore profondément gravés. Enfin lorsqu'à tous ces motifs vient se joindre la croyance populaire qui n'assigne non seulement point de date à cette statue, mais qui l'a toujours regardée comme étant l'ouvrage des premiers chrétiens, nous ne pouvons mieux faire que de partager cette croyance, alors qu'elle nous est présentée, en ces termes, dans un procès-verbal qu'on trouve dans les archives du Chapitre de Pignans. Une opinion qui n'a jamais varié, et qui s'est conservée immuablement toujours la même à travers les âges, mérite bien d'être acceptée en toute confiance.

Nous croyons donc, et c'est là notre conclusion, que l'artiste qui a sculpté cette statue vivait à une époque très rapprochée des temps apostoliques ; cet artiste dut être même l'heureux témoin du passage des hôtes de Béthanie parmi nos ancêtres dans le bourg des Pins. C'est ainsi qu'à notre tour, nous sommes les héritiers de la statue de Marie et de leur dévotion envers cette bonne Mère.

XII

La Vénération du peuple pour la sainte Statue.

Il y a certains êtres inanimés qui attirent et qui charment sans qu'on puisse s'expliquer cette influence qu'ils exercent sur notre esprit et sur notre cœur. Quelle est la cause ou l'origine de ce fait qu'on observe si souvent, surtout dans l'ordre de la religion ? Mgr. Parisis nous répond : « Il a plu à Dieu d'attacher une puissance mystérieuse d'attraction à des êtres inertes, inanimés ; à des lieux, à des temples, à des images. Une vertu secrète qui est en eux, certains parfums spirituels qui s'en échappent, attirent des multitudes à Marie, dans des sanctuaires qui, par eux-mêmes, ne peuvent exercer cet attrait. »

Rien n'est plus vrai que ces paroles appliquées à la statue miraculeuse qui se trouve sur l'autel du sanctuaire de Notre-Dame des Anges. Pour le peuple, c'est la *Bonne Mère* et il ne lui donne point d'autre nom. De même que Jésus avait dit : *Quand Je serai élevé de terre, J'attirerai tout à moi*, ainsi a parlé la Sainte Vierge, et depuis qu'elle a été exaltée sur la Sainte-Montagne, comme le cèdre du Liban, les peuples ont accouru ; ils sont venus vers elle, attirés non par contrainte ni par des moyens humains, mais par une force mystérieuse qu'on ne voit point, qu'on ne comprend pas non plus et dont personne ne peut se rendre compte. C'est tout à la fois une suavité que l'on goûte en soi-même et une force qui agit directement sur les âmes. On n'a jamais prétendu et nous ne soutenons pas ici que cette œuvre soit une œuvre de sculpture ; elle est loin, en effet, d'être un ouvrage achevé ; et cependant nous osons le dire sans crainte d'être désavoué, il y a en elle quelque chose de mieux : le chef-d'œuvre excite l'admiration et l'enthousiasme du connaisseur, mais il ne communique point au cœur la sérénité ni la paix. Or, ce sont ces sentiments ou ces biens inestimables que fait naître dans les âmes la vue de cette sainte image, qu'on se sent porté à honorer ; et, pourquoi ne le dirions-nous pas ? il y en a qui, animés par la confiance et l'amour, ont cru voir dans ces traits une expression de bonté, de douceur et comme le gracieux sourire d'une mère qui les ravissait et les touchait si profondément qu'ils se disaient impuissants à le décrire. N'en soyons point surpris. Voici Chateaubriand qui avoue que la Madone d'un certain village, vêtue de soie bleue, garnie d'une frange d'argent, avec une couronne gothique sur la tête, lui inspirait plus de dévotion que les vierges de Raphaël. Mais voulez-vous en faire l'expérience ? Rien n'est plus facile. Allez prier aux pieds d'une image de Marie, et cette bonne Mère ne permettra que vous vous retireriez, avant qu'elle ne vous ait accordé quelques faveurs, si toutefois elle n'exauce pas votre prière.

Faisons mieux. Allons en pèlerinage vers Notre-Dame des Anges la visiter dans son désert, au sein de cette libre et agreste nature, où son nom, le souvenir de ses bienfaits, la tradition de son origine, le son joyeux de la cloche, le bruit des eaux de la fontaine sacrée parleront à notre cœur. Quelles douces émotions berceront notre âme ! Voyons, peut-on imaginer rien de plus pittoresque et édifiant qu'un jour de pèlerinage sur la Montagne ? C'est d'abord l'apparition de ces joyeuses caravanes, sur le chemin de la Montagne ; ce sont ensuite ces chants et ces appels qui vous arrivent à travers le vallon et le silence de la forêt. Tout ici a une vie et un langage ; l'œil sait voir et l'oreille entendre. Tous ces pèlerins se dirigent vers le Sanctuaire bien aimé. C'est ici qu'on peut dire que les enfants marchent sur les traces de leurs pères ; les uns vont à pied, d'autres sont montés sur l'humble ânesse ou assis sur un lourd véhicule ; ils s'avancent discrètement, sans bruit, sans tumulte. Il y a là des familles composées du père et de la mère, suivis de tous leurs enfants, il y a des groupes de jeunes filles et de pieuses chrétiennes qui cheminent ensemble, tout en récitant le chapelet. Vous apercevrez plus loin de fervents serviteurs de Marie qui, par dévotion, marchent la tête nue, livrant leurs âmes à la méditation en récitant le rosaire.

Mais tous, aussitôt arrivés sur le sommet de la montagne se rendent dans le Sanctuaire : ils ont hâte d'aller saluer leur *Bonne Mère.* Ce devoir accompli, ils se dirigent vers les chataigniers sous lesquels ils vont se choisir une place, et c'est là qu'ils se réunissent à l'heure du repas, lorsque les offices sont terminés. Tout se fait avec ordre et sans commandement. L'amour et la dévotion à Marie président à tout et rendent faciles les relations entre pèlerins. Mais voici que tous se lèvent et remontent vers le Sanctuaire. La cloche a fait entendre ses joyeux carillons, et on s'empresse d'aller prendre place dans la Chapelle, car c'est l'heure de la Sainte Messe, c'est l'heure d'aller entendre le panégyrique de la Bonne Mère, de mêler sa voix aux chants de louanges dont la Chapelle va retentir : d'ailleurs on a bien des prières à lui adresser. Les Anges sont descendus du ciel, envoyés par Marie, venant remplir auprès des pèlerins l'office que l'ange Raphaël a rempli auprès de Tobie, alors qu'il était en prière. En effet, entrez dans la Chapelle : la prière jaillit de tous les cœurs : le vieillard comme le petit enfant, la jeune fille comme sa mère, le juste comme le pécheur ; puis les messagers célestes remontent vers Marie pour lui porter ces prières et ces vœux, et Marie vient, à son tour, les présenter à son divin Fils. C'est ainsi que toutes ces prières des pèlerins leur reviennent, changées en pluies de grâces tant pour eux-mêmes que pour leurs parents, leurs amis et pour tous ceux dont ils ont plaidé la cause auprès de Notre-Dame des Anges. Voilà ce qui se passe chaque fois qu'on célèbre des fêtes à lE'rmitage ou qu'on s'y rend en pèlerinage.

Mais il y a des jours où ce n'est point la joie qui préside à ces ascensions vers la Sainte-Montagne, qui amène ces foules en pèlerinage dans le Sanctuaire. Ce sont des jours de deuil, de tristesse, de crainte et d'angoisse. Il y a des fléaux qui répandent la désolation dans nos contrées ; ce sont des calamités publiques qui affligent nos populations, ou bien c'est la guerre qui porte la désolation dans notre pays de France. Ah ! durant ces jours où les larmes coulent de tous les yeux, alors que des craintes, pour soi et pour ceux qu'on aime, ne nous laissent aucun instant de repos, où trouver un refuge et des consolations sinon auprès de la *Bonne Mère* ? De là ces regards levés vers la Sainte-Montagne. Combien de fidèles viennent, discrètement et à l'insu de tous, prier aux pieds de l'image de Notre-Dame et répandre ici les larmes de leur cœur ! Il peut se présenter des circonstances où tout le peuple, tous les habitants aient le désir de recourir à Marie. Alors tous viennent vers leurs prêtres et leurs disent : Conduisez-nous à la Sainte-Montagne, nous vous suivrons dans l'amour et le repentir ; nous avons besoin d'être secourus par notre Bonne Mère, car ce ne sont plus nos mains et nos cœurs que nous élevons vers son Sanctuaire, nous voulons nous y rendre nous-mêmes pour nous la rendre propice et en obtenir des grâces de délivrance. Ainsi ont parlé les habitants de Pignans : ils sont allés vers Marie, et ils en sont revenus remplis d'espérance et de consolation ; car cette *Bonne Mère* n'a jamais rien refusé à ses enfants. L'histoire nous a conservé le récit de ces pèlerinages à Notre-Dame des Anges qui, bien que commencés dans le deuil et les larmes, se sont terminés par des chants d'allégresse et de reconnaissance.

XIII

Les habitants de Pignans décident de descendre dans l'église paroissiale la Statue miraculeuse pour obtenir la grâce d'être délivrés de la peste.

Lorsque la peste exerçait ses ravages en 1720 dans la ville de Marseille et dans toute la Provence, il semblait, que par un trait signalé de la protection de Notre-Dame des Anges, la petite ville de Pignans devait en être préservée. On ne cite qu'un seul individu qui, ayant ressenti les premières atteintes du mal, fut aussitôt transporté par sa famille dans une maison de campagne, située entre la rivière de Notre-Dame des Anges et la route qui y conduit ; là, placé si près et en quelque sorte sous les yeux de la demeure de la grâce et du foyer de l'amour maternel, il ne tarda pas à recouvrer ses forces ; tous les symptômes de la maladie disparurent, et il put bientôt revenir sain et sauf au milieu de ses concitoyens. C'était là tout à la fois un avertissement de l'épreuve qu'on pouvait avoir à traverser et le moyen de pouvoir lutter contre le fléau. L'Ange exterminateur, en effet, n'avait pas remis l'épée dans le fourreau. La ville de Pignans aura à souffrir de la peste, et ici nous n'avons qu'à reproduire le récit d'un pieux et zélé serviteur de Marie, et il le signe de son nom : André Rostagnen, frère pénitent de Notre-Dame.

Voici d'abord comment il nous présente la délibération du Conseil municipal au sujet de la descente de la Statue de Notre-Dame : « Dès l'année 1725, écrit-il, nous commencions à ressentir à Pignans les premiers germes de cette maladie mortelle ; elle débutait par une douleur de côté profonde et fixe ; elle était accompagnée d'un sentiment d'ardeur qui paraissait avoir son siège dans l'estomac, gagnait bientôt les entrailles et se terminait par la mort. Cet état de choses continua pendant cinq ans, avec plus ou moins d'intensité, mais sans interruption. Nous en étions ainsi au mois de mai 1730 ; le mal emportait toujours beaucoup de victimes, et résistait aux remèdes et aux essais de tout genre, tentés par les médecins du pays et des autres lieux circonvoisins, où le fléau n'agissait pas avec moins d'opiniâtreté, malgré les soins empressés et la bonne volonté des docteurs, malgré leurs savantes dissertations sur l'origine et les causes du mal. On finit par reconnaître que rien ne pouvait arrêter le fléau ni ralentir sa marche. Notre praticien, qui est fort habile, m'a même donné l'assurance qu'il n'avait encore pu sauver aucun malade.

Or, un fléau si implacable dans sa fureur, qui n'a pu jusqu'à ce jour être conjuré par les prières, ni par les jeûnes, ni par les larmes, qui a enlevé et enlève encore aujourd'hui un nombre prodigieux d'habitants, qui ne laisse aucune maison intacte, et multiplie à l'infini parmi nous les veuves et les orphelins, ne pouvait manquer de suggérer de sérieuses réflexions à M. le Chanoine Grasson, sacristain-curé, à ses confrères et dignitaires du Chapitre, à MM. les Consuls et à tous les paroissiens. Voyant donc qu'aucun secours humain ne pouvait procurer du soulagement à nos malheureuses populations, on résolut de recourir à un moyen plus efficace, et tirer ainsi le pays de la consternation où il se trouvait plongé depuis longtemps. Le dessein qu'on méditait, et qui vint à l'esprit de tous, fut de s'adresser à Notre-Dame, à la Sainte Vierge, notre protectrice et notre avocate, qui nous a donné constamment des gages de son amour dans nos malheurs, en temps de guerre, de peste, de famine, à l'époque de la mortalité des arbres, et dans tous nos besoins, en général et en particulier, ce dont on peut voir les preuves très authentiques dans la Chapelle ; ce sont tous ces bienfaits de Marie, qui étaient un grand motif d'encouragement pour nous. En effet, visitez cet ermitage et vous sentirez la vérité de mes paroles en lisant sur les murailles ces adages des Anciens : « *Votum fecit et gratiam accepit. Il formula un vœu et il obtint la grâce,* » et « *Auxiliares Deorum manus. Ses mains sont les auxiliaires de Dieu.* »

Cette protection se présente donc à nous comme un moyen de salut public. C'est là toute notre espérance après Dieu. Aussi ce projet fut-il accepté par toute la population avec empressement et avec une grande foi en Marie. » Nous nous permettrons d'ajouter à ce récit une réflexion, c'est que le souvenir de la guérison du malade atteint du fléau en 1720, à la suite de son transfert au pied de la Montagne sainte, ne dut pas être étranger à porter les habitants de Pignans de recourir par eux-mêmes à l'intercession de la Sainte Vierge, leur patronne ; car on devait se dire : Notre Dame des Anges qui a guéri si promptement l'un de nos concitoyens, qui a été placé au pied de la Sainte-Montagne, pourquoi ne l'inviterions-nous pas à venir nous visiter ? Ce serait là certainement notre délivrance.

Mais reprenons le récit du frère André : « Pour nous rendre plus dignes de cette protection et attirer sur nous les regards bienveillants de la *Bonne Mère*, voici ce qu'on décida : c'est qu'on rendrait à cette illustre Reine du ciel les honneurs les plus grands et les plus magnifiques, et que, puisqu'elle était appelée le Refuge des pécheurs et la Consolation de ceux qui sont affligés, on devait à tout prix se la rendre favorable. *O Domina nostra Angelorum dic nobis, te depreca-*

mur : Misereor super turbam. Ne derelinquas nos orphanos. O Notre-Dame des Anges, dis-nous, nous t'en prions : J'ai pitié de mon peuple. Ne nous laisse pas orphelins. Les membres du Conseil de la commune se réunirent donc en vue d'organiser cette démonstration de piété. C'était le 5 du présent mois de mai. Il fut décidé tout d'abord d'envoyer incessamment à Fréjus une députation à Mgr. l'Evêque, pour obtenir la permission de descendre de la Montagne la statue de Notre-Dame des Anges. Une si pieuse demande ayant été agréée, le dimanche suivant, 7 du même mois de mai, fut désigné pour ce pèlerinage. Tous les habitants se préparèrent avec la plus grande ferveur à participer à cette cérémonie où toutes les classes des différentes familles espéraient recevoir tant de grâces à la suite de ce pèlerinage. Les frères pénitents de Notre-Dame de l'Annonciade furent invités de préférence à cette cérémonie, d'abord parce que leur confrérie est sous le vocable de la Sainte Vierge, ensuite parce qu'ils devaient en ce jour satisfaire à l'obligation de leur vœu annuel contracté en 1720. »

C'est ce qui nous amène à compléter ici le récit du frère André en expliquant quel était ce vœu dont il parle. Lorsque le fléau sévissait à cette date, à Marseille et dans toute la Provence, il n'osa pénétrer dans l'enceinte de Pignans et dans toute l'étendue de son territoire. A l'occasion de cette préservation, la ville de Pignans s'engagea par vœu à venir tous les ans, le Lundi de la Pentecôte, honorer sa Protectrice, dans son Sanctuaire établi sur la Sainte-Montagne et à la reconnaître pour sa *Bonne Mère*, qui seule l'avait préservée de la contagion. Voilà comment les habitants de Pignans, dix ans après, ayant à remplir leur vœu et à demander la délivrance du fléau, sont amenés à fixer cette cérémonie au dimanche, le 7 du mois de mai.

Une réflexion s'impose : le salut de la ville de Pignans, ou la délivrance de la peste dont les habitants souffrent depuis quelques années va être le fruit de l'entente admirable qui existait à cette époque à Pignans entre les pouvoirs civils et religieux. Combien il serait à désirer qu'une pareille entente existât de nos jours au milieu des nations, des royaumes et des villes ! Les populations n'en seraient que plus heureuses.

XIV

La Statue de Notre-Dame des Anges est descendue dans l'église paroissiale.

Nous allons reprendre le récit du frère pénitent, André Rostagnen. Il nous a montré comment les habitants, ne faisant tous qu'un seul cœur et qu'une seule âme, ont compris qu'ils ne trouveraient de salut qu'en leur *Bonne Mère*. En effet, si en l'année 1720 elle les a préservés des atteintes du fléau, elle peut aussi bien en l'année 1730 les délivrer du fléau dont ils souffrent depuis cinq ans : car son pouvoir comme sa bonté sont toujours les mêmes. Il n'y a qu'à en mériter la grâce pour qu'elle daigne les manifester en notre faveur. Tout dépend ici de nos dispositions.

Voyons donc ce que fut cette admirable démonstration de piété en l'honneur de la Sainte Vierge. « M. le Consul Pélégrin, raconte le frère pénitent, ayant rapporté la permission épiscopale au vénérable Chapitre, deux des dignitaires chanoines furent désignés pour s'adjoindre à cet acte de piété. Dans la nuit du samedi au dimanche, les frères pénitents montrèrent un grand empressement à chanter les *réveillés*, que le vénérable chanoine Boyer, très digne ecclésiastique, a composés pour cette occasion. On n'avait pas encore achevé le troisième tour de la ville, quand parurent les premières lueurs de l'aube du jour ; on entendit alors carillonner toutes les cloches de la Collégiale qui annonçaient la solennité et convoquaient le peuple à cette procession qui partit de la paroisse pour se diriger vers la Montagne.

Combien il était édifiant de voir cette procession qui partit de la paroisse où les respectables magistrats, les consuls et tous les habitants s'étaient donné rendez-vous, ainsi que les frères pénitents qui marchaient les premiers, en chantant des psaumes et des hymnes à la Vierge! Ils continuèrent ainsi jusqu'à la fontaine du sommet de la Montagne, où nous vîmes arriver l'Ermite et le Chapelain qui venaient pour nous recevoir. C'était un admirable spectacle de voir tant de monde serpenter parmi les détours de la route, et gravir les sentiers escarpés avec une

incomparable ardeur. *Sicut gigas ad curren-
dam viam... usque ad summum ejus. Comme
des géants sur une rampe devant être gravie...
jusqu'à son sommet.* Une fois arrivés à la Chapelle, les frères pénitents achevèrent leur office
accoutumé ; puis on célébra trois messes, et
l'on alla prendre un peu de nourriture, sous les
chàtaigniers. Après la distribution du pain, du
vin et du jambon, à laquelle les frères Joseph
Agard et Joseph Maria avaient présidé, en leur
qualité de nouveaux recteurs, on rentra dans la
Chapelle pour chanter les vêpres et les litanies
de la Vierge ; et vers les quatre heures de
l'après-midi on descendit la Sainte Vierge de
l'autel sur lequel elle repose depuis des siècles ;
les frères de l'Annonciade la prirent dans leurs
bras, comme c'était leur privilège ; en ce moment toute l'assistance s'ébranle, chacun se lève
pour reprendre son rang, la procession se réor-
ganise et commence son mouvement de retraite,
en descendant lentement et avec ordre les rampes
de la colline. Quels souvenirs éveille à tous cette
Statue de Marie ? Elle est une des plus anciennes
de la Provence, elle a toujours été considérée
comme un ouvrage des premiers chrétiens, elle
fut trouvée sous un rocher qu'on appelait à
cette époque *la Couelo doou Souquet* ; c'est
le point culminant de la Montagne, et c'est sur
ce même emplacement que fut bàtie la Chapelle
actuelle et qu'on dressa l'autel. Enfin la pose de
cette statue est ravissante, elle tient les mains
jointes, les yeux fixés au ciel, et elle semble dire
à ses enfants : « C'est là-haut qu'est votre patrie,

*Peto, nate, ut aspicias ad Cœlum. O mon fils,
je te demande de regarder vers le Ciel.* »
Voyez-vous comment en 1730, on croyait dans
le pays à l'ancienneté de la statue de Notre-Dame
des Anges ? On la regardait comme une œuvre
du premier siècle. Ce n'est donc pas une opinion
nouvelle que nous vous avons présentée sur cette
question.

Le frère pénitent ne signale aucun trait saillant qui ait marqué cette descente de la Vierge
dans le cours de la route, et il continue en
disant : « Il y avait beaucoup de gens du pays
et des environs qui étaient venus à notre rencontre jusqu'à la base de la colline. Il y en avait
d'autres et en plus grand nombre qui bordaient
la route ou remplissaient le chemin, par où le
cortège devait passer. On avait eu la précaution
de placer la Statue dans une niche très décente ;
et c'était celle de Notre-Dame des Saintes Reliques ; mais, chose digne de remarque, les quatre
frères pénitents qui la portaient trouvaient le
fardeau très léger. On marcha de la sorte jusqu'au Pilon des Trois-Rois ; là on fit une halte
pendant laquelle on leva à la Vierge le manteau
qu'elle porte dans la solitude pour la revêtir de
ses splendides ornements des fêtes. C'est à
ce moment que cet immense cortège se trouve
augmenté des messieurs du Chapitre et de tous
les bourgeois de la ville, qui avaient tous un
flambeau à la main. Lorsque furent arrivés tous
les habitants qui étaient restés dans le village, on
se remit en marche au chant du *Miserere* et
des litanies de la Sainte Vierge. Les cloches de

la paroisse, pendant ce temps-là, sonnaient
l'arrivée de notre Reine et de notre Mère ; et
on vint la reposer dans la chapelle de l'Annonciade qui est à l'entrée du village. On ne vit
jamais un si grand concours de peuple, ni autant d'empressement à donner à Marie des mar-
ques de la plus tendre affection ; et, si tous ne
répandaient pas des larmes, ils n'en étaient pas
moins touchés à la vue de l'image de la *Bonne
Mère*, et en pensant au motif qui l'amenait parmi nous. Aussi chacun s'efforçait de se tenir le
plus près d'elle, ne pouvant consentir à la perdre
de vue un seul moment ; on fut obligé de fermer
les portes de la chapelle, afin d'éviter la confu-
sion. De la Sainte-Annonciade à la paroisse il
n'y a que quelques pas ; après un instant de
repos la procession se dirigea de nouveau vers
la Collégiale, et fit son entrée par la porte du
Rosaire. Monsieur le sacristain-curé lui fit les
honneurs de la réception au son joyeux de l'or-
gue, et au solennel retentissement des coups de
mousquet. On l'exposa sur l'autel qu'on avait
richement orné ; un grand nombre de lampes
d'argent, de lustres et de chandeliers multipliaient
les lumières à l'infini, produisant dans la vaste
enceinte un effet magique ; chacun s'était mis en
mouvement pour que ce jour ressemblât au plus
beau de l'année. A l'issue des vêpres, on chanta
des hymnes et des cantiques provençaux, après
quoi notre fervent pasteur fit, au sujet de la cérémonie, un discours bien digne de son zèle et
de sa piété. Il nous invita à rentrer en nous-mêmes et à réfléchir sur les causes des maux qui

nous affligeaient ; il nous fit sentir qu'ils étaient un châtiment du ciel, provoqué par nos péchés ; il nous montra le bon usage que nous pouvions en faire, et nous indiqua comme un remède infaillible un repentir sincère de nos iniquités et et un dévouement sans borne au service de notre Sauveur. »

Quant à nous, retenons les conseils qui furent donnés à nos pères. Ils sont de tous les temps et de tous les siècles, car nous oublions trop souvent les devoirs de notre vocation chrétienne et d'enfants de Marie.

XV

La dévotion des habitants de Pignans envers Marie, pendant que sa statue est exposée dans l'église paroissiale.

Les habitants de Pignans ne se bornèrent pas seulement à témoigner leur dévotion à Marie, en venant veiller des heures entières aux pieds de la Statue miraculeuse. Ils voulurent encore joindre à ces hommages particuliers, à ces prières continuelles qu'ils lui adressaient une imposante manifestation de leur foi et de leur piété. « Il fut décidé, écrit le frère pénitent que nous avons déjà cité, qu'on ferait en son honneur le dimanche suivant une procession générale pour nous glorifier en Dieu et faire éclater notre joie au sujet du triomphe de notre Mère, de notre Avocate, de notre auguste Patronne : car elle apparaissait parmi nous, comme une libératrice puissante, sanctifiant nos demeures et bénissant nos places publiques ; elle venait, semblable à une armée rangée en bataille, pour dissiper nos ennemis, chasser les maladies et les afflictions, apaiser la colère de Dieu qui était courroucé contre nous, procurer la paix à nos âmes et la santé à nos corps. C'étaient là toutes les grâces que nous espérions recevoir de ses mains en retour de nos prières.

Voici comment était ordonnée cette procession générale : la croix du vénérable Chapitre était en tête ; venait ensuite la bannière de Notre-Dame ; puis celle de saint Éloi, avec les quatre prieurs qui suivaient, munis de flambeaux ; celle de saint Antoine, suivie également des quatre prieurs ; celle de saint Jean, de saint Pierre, de saint Joseph, avec les marguilliers ; celle de Notre-Dame du Rosaire, suivie des filles de la Congrégation ; celle du Très Saint Sacrement avec tous les confrères, et les dames de la Miséricorde, portant aussi des cierges allumés ; venaient plus loin les frères pénitents de l'Annonciade avec leur guidon, la croix, les fanaux, formant deux chœurs et chantant des hymnes et des versets, en l'honneur de la Très Sainte Vierge ; ils étaient suivis des révérends Pères Observantins, de la musique, et enfin des dix sept Chanoines en chape. La Sainte Vierge dans une niche proprement ornée de fleurs, paraissait à la fin du cortège ; elle était suivie du Viguier, de M. le Consul à chaperon, et des autres bourgeois. Tous marchaient pénétrés de sentiments de pénitence, et animés d'une sainte joie ; ils faisaient amende honorable à Jésus-Christ et à sa très digne Mère et la nôtre. Qu'il me soit permis d'ajouter un mot à ce que j'ai déjà raconté de l'aspect de notre divine Mère ; j'éprouverais trop de déplaisir s'il me fallait me résoudre à n'en plus rien dire. Sans doute que je passerai pour audacieux, parce qu'il faudrait une plume plus éloquente que celle d'un humble pénitent, pour en écrire ou pour en parler dignement ; mais ce qui m'encourage, c'est la pensée que mes amis excuseront ma hardiesse. La beauté de ce visage, la douce majesté qui y est empreinte, imprimait dans toutes les âmes la vénération et l'amour. Un habit de damas à frange dorée, un manteau étincelant de richesses, le diadème royal qui brillait sur son front rehaussaient tellement son port qu'on ne pouvait se lasser de la contempler. Quelle était donc cette attraction puissante et mystérieuse, qui portait chacun à se tenir le plus près d'elle, et à se cacher en quelque sorte sous son égide et à l'ombre de son aile ? A l'exception de ceux qui tenaient les premiers rangs, on en voyait peu qui contenaient leur dévotion. Aussi l'empressement était tel qu'il en résultait nécessairement un certain désordre qui est facile à comprendre et bien digne d'être pardonné. C'est ce qui a lieu chaque fois qu'il y a des rassemblements.

La sainte Image fut ainsi honorée dans toutes les rues et les places de la ville, de sorte qu'en passant devant les maisons, les familles invitaient Marie à bénir leurs demeures. C'était Marie

qui rendait visite à chacun de ses enfants. Au
retour de la procession, on la remit sur l'autel,
où son trône avait été disposé avec beaucoup de
grâce. Après la bénédiction du Saint Sacrement
et le chant de pieux cantiques français, une partie du peuple se retira pour prendre son repas du
soir. Mais après le souper, on revint en foule auprès de notre Souveraine ; on s'y relevait succes-
sivement et en très grand nombre, jusqu'à une
heure avancée de la nuit, comme il est d'usage
de le faire parmi les gardes d'honneur qui veil-
lent auprès des rois de la terre. On eut dit qu'on
voulait réparer ce qui avait pu manquer à la fête
ainsi que le trop grand empressement qu'on avait
montré durant la route, et cette disposition d'esprit dura pendant huit jours, avec les mêmes
exercices et veilles prolongées. On disait autrefois, des frères de l'Annonciade, qu'ils étaient des
imitateurs un peu serviles des cérémonies de la
paroisse. Mais, pour cette fois, les rôles changè-
rent, ce furent toutes les classes et toutes les
œuvres qui imitèrent l'ardeur et le dévouement
de ces frères ; les demoiselles de la Congrégation
demandèrent qu'on leur laissât la Sainte Vierge
encore huit jours pour qu'elles pussent lui adresser leurs prières en particulier, ce qui leur fut
accordé ; et, si les dames de la Charité ne s'é-
taient montrées plus discrètes, on aurait dû pro-
roger, d'une nouvelle octave, le séjour de notre
Mère bien aimée ; mais en toutes choses il faut
une fin. Durant cette bienheureuse quinzaine, il
y eut toujours auprès d'elle, à toutes les heures
du jour un bon nombre de pieux chrétiens qui

vinrent lui offrir leurs hommages ; mais c'est surtout pendant les soirées que l'église était toujours comble ; chacun s'empressant d'accourir pour recevoir sa bénédiction. Aussi nous nous plaisons à déclarer publiquement, pour l'honneur de Marie et de même pour rendre témoignage à la vérité, que depuis le jour où cette Reine des Anges a fait son apparition parmi nous, les maladies ont cessé et le malaise général qui affectait tout le monde, a complètement disparu. Sans doute, c'est la prière de notre *Bonne Mère* qui, attendrie par nos gémissements et l'excès de nos maux, nous a obtenu et la paix de nos âmes et les bienfaits de la santé corporelle. Qui oserait douter que, si nous continuons à lui offrir nos hommages, à l'aimer et à la servir, avec un cœur net et docile, sans dol ni duplicité, Marie, à son tour, ne nous continue sa protection, pendant la vie et à la mort ? « *In custodiendis illis retributio multa. Une grande rétribution sera accordée à ceux qui garderont ses préceptes.* »

Voudrait-on maintenant nous permettre de parler ici d'une vision qu'il nous semble avoir vu se reproduire devant nous, pendant que nous transcrivions ces pages du frère André Rostagnen ? Cette vision la voici : entrons dans le Cénacle avec saint Luc. C'était après l'Ascension du Sauveur, *tous les apôtres persévérant unanimement dans la prière avec les femmes et avec Marie, mère de Jésus, et avec ses frères.* Ainsi le frère Rostagnen nous a représenté dans l'église paroissiale tous les magistrats, les chefs et les bourgeois de la ville de Pignans persévérant unanimement dans la prière avec les fidèles de toutes les classes de la société et de toutes les œuvres de la paroisse devant la statue miraculeuse de Marie, tandis que là-haut Marie redisait à son divin Fils toutes les prières de ses serviteurs pour leur obtenir toutes les grâces dont ils ont besoin. Pourquoi donc un peintre, pour perpétuer ce bienfait de Notre-Dame des Anges, ne reproduirait-il pas sur la toile cette vision en s'inspirant du récit du frère André Rostagnen ? C'est sur ce tableau que tous les habitants de Pignans, prêtres et laïques, seraient représentés en prière devant la statue miraculeuse de la Sainte Vierge dans l'église paroissiale, tandis qu'en haut de ce tableau l'artiste nous montrerait dans une vision du ciel la Sainte Vierge venant plaider devant son Fils assis sur son trône la cause de ses enfants de Pignans et leur obtenant la délivrance du fléau. C'est un souhait que nous formons et présentons aux habitants de Pignans. Voilà un *ex-voto* qui aurait bien sa place sur les murs de la Chapelle. D'ailleurs cette vision de l'an 1730 que le frère André Rostignon nous a retracée, est-ce qu'elle ne se renouvelle pas à chaque pèlerinage sur la Sainte-Montagne surtout en la fête de la Visitation de la Sainte Vierge, le 2 juillet de chaque année ? Combien nous aimerions à voir cette vision reproduite sur la toile ! Ce serait une preuve que les habitants de Pignans ont su conserver dans l'amour et la reconnaissance la dévotion envers Notre-Dame des Anges qu'ils ont reçue de leurs pères.

XVI

La Statue de Notre-Dame des Anges ramenée dans son Sanctuaire sur la Sainte-Montagne.

Les prières des fidèles de Pignans ont été exaucées. La bonne Mère les a reçues avec tant d'empressement et les a fait valoir auprès de son divin Fils avec tant de puissance que le fléau a disparu et chacun éprouve une grande joie a être ainsi délivré de toute crainte. Mais il restait à tous le devoir de ramener la Statue miraculeuse dans son sanctuaire sur la montagne. C'est ce que firent les habitants de Pignans, et le frère André Rostagnen nous a fait le récit de cette cérémonie, de ce pèlerinage vers la montagne pour y accompagner leur bonne Mère.

Voici comme s'exprime notre historien : « Le vingt et un du même mois de mai, qui se trouvait être un dimanche, fut assigné pour le jour où le bienheureux séjour de Marie prendrait fin dans la paroisse et qu'elle nous quitterait pour retourner vers sa demeure séculaire. Les frères pénitents, qui devaient l'accompagner, furent très matineux à chanter les *réveillés*, et comme on les chanta partout, en grand solennel, et aussi longtemps que la durée de la nuit pût le permettre, tout le monde fut sur pied dès l'aurore, chacun tenant beaucoup à être témoin de cet inévitable retour.

L'ordre du départ fut donné dès cinq heures

du matin, et la ville entière répondit à l'appel. La *Bonne Mère* avait été remise dans sa niche qu'on avait disposée de manière à pouvoir être portée facilement par des hommes, à cause des difficultés de la route. Beaucoup de personnes suivirent la procession jusqu'à la croix de la Calade, d'autres allèrent plus loin et s'en retournèrent. Mais la plus grande partie ne cessa pas de suivre le cortège, qui s'avança toujours dans le même ordre jusqu'au plateau qui commence la forêt. Les frères pénitents se relevaient fréquemment, bien moins pour prendre du repos que pour laisser à d'autres la portion de bonheur qui leur revenait : s'être placés quelques instants sous le joug si doux de leur Mère pendant tout le trajet. Les monts et les vallées répondirent par leur écho aux chants de louanges et aux cris d'allégresse. On chantait son office en allant, après lequel le premier chœur entonnait des psaumes et des hymnes, et à la fin de chaque strophe ou verset le second chœur répondait par les paroles du Psaume XII : « *Lætatus sum in his quæ dicta sunt mihi : in domun domini ibimus. Je crois ce qui m'a été dit : nous irons dans la maison du Seigneur* ». Les frères Batonniers eurent encore assez de peine à contenir la foule qui envahissait constamment le trône portatif de Notre-Dame ; mais comme le sentier devenait de plus en plus serré, il fut plus facile de la tenir à distance que dans la plaine. Nous arrivâmes à la fontaine sacrée, lorsque nous aperçûmes, à travers les bois et la bruyère, le chapelain qui réside à l'ermitage et dirige là toute une école d'enfants de bonne maison ; il était précédé de l'ermite portant la croix, ils venaient tous les deux, en toute hâte, et avec un contentement inexprimable à notre rencontre. Ce bon prêtre, ayant fait sa révérence à notre commune Maîtresse, se prit à pleurer de joie en la revoyant. Hélas ! il avait versé tant de larmes de tristesse, au moment où Marie avait quitté son sanctuaire, que son allégresse présente était un bien juste dédommagement. En effet, qu'était-ce que le séjour de de la Montagne sans la présence de la Statue miraculeuse, sinon une vie privée de consolation et sans avoir à remplir la mission qui lui avait été confiée ?

On avait dressé un autel portatif à l'entrée de la Chapelle pour y dire la messe, afin que personne ne fut privé de l'assistance à l'office, et on y installa la Vierge. Alors, de toute part, on lui présenta des chapelets, des milliers de bouquets de fleurs sauvages, qu'on avait cueillies sur la montagne et que chacun rapporta religieusement dans sa famille, comme autant d'objets sacrés et de précieux talismans. Nos pèlerins s'approchèrent presque tous de la Sainte Table ; quant à ceux qui n'étaient plus à jeun, on les invita à communier spirituellement. Un nouveau discours de notre pasteur nous exhorta vivement à la confiance en Notre-Dame. Il nous dit, entre autres choses pour nous consoler, qu'il était expédient que notre Mère nous eût quittés, parce qu'étant aujourd'hui dans sa chère solitude, elle allait reprendre, en notre faveur, l'office d'avocate, d'intercesseur. Il dépendait donc de nous, ajouta-t-il, d'obtenir toujours par sa médiation puissante, des grâces de prédilection ; de sorte que si nous continuions à vivre avec cette ferveur qui nous animait depuis quelques semaines, elle nous rendrait dignes des promesses de son Fils : *Ut digni efficiamur promissionibus Christi. Afin que nous nous rendions dignes des promesses du Christ.* En ce moment, tout le peuple dit en provençal le cantique, sous forme d'amende honorable : *Nous veici davant vous, o Viergé tant aimablo.* Le chapelain de Notre-Dame, pour marquer sa joie extrême, voulut chanter son cantique, avec accompagnement de la voix de l'ermite. Il réussit parfaitement à exciter l'admiration de tous, mais bien plus par les élans de son zèle que par la douceur et l'harmonie de son chant. Le feu de joie préparé dès la veille fut allumé devant la Chapelle, au chant du *Te Deum*. Un repas frugal, et tel qu'ils devraient toujours être servis dans un lieu si saint, fut offert à messieurs les Prêtres par les soins et aux frais de la Municipalité qui s'était déjà montrée bien généreuse, en voulant supporter toute seule les dépenses de l'illumination. Après les vêpres, chacun s'en retourna content dans son village, à pied ou à cheval, suivant ses forces et sa dévotion. Notre intérêt le plus cher est donc de servir de notre mieux cette Bienfaitrice puissante que Jésus-Christ nous a léguée pour Mère par sa dernière disposition sur l'arbre de la croix. Supplions-la de ne cesser jamais de nous donner des preuves de sa maternelle affection, et aimons à répéter avec saint Bernard : « *Monstra te esse Matrem, sumat per te preces, qui, pro nobis natus, tulit esse tuus. Montrez-vous notre Mère. Que Celui qui est né pour nous et qui a consenti à devenir votre Fils reçoive nos prières par vos mains.* » Et encore : « *Qui sedes ad dexteram Filii, ne derelinquas nos orphanos. Amen. Vous qui êtes assise à la droite du Fils, ne nous laissez pas orphelins.* »

Tel est le récit d'André Rostagnen, cet humble frère pénitent de Notre-Dame, qui a si bien exalté son auguste Patronne. Quant à nous, inspirons-nous de ses sentiments de dévotion et de confiance envers Notre-Dame des Anges. Nous serons ainsi comme nos pères, de bons et fidèles serviteurs de Marie.

XVII

Les habitants de Pignans descendent une seconde fois dans l'église paroissiale la Statue miraculeuse pour obtenir d'être délivrés d'une sécheresse qui est une vraie calamité publique.

Il y avait à peine quelques années, après cette heureuse délivrance de la peste, qu'un fléau d'un autre genre vint éprouver les habitants de Pignans. De là de nouvelles supplications ou manifestations de piété en l'honneur de Notre-Dame des Anges.

C'était en l'année 1753, tout le terrain de la commune fut frappé de stérilité à la suite d'une sècheresse prolongée qui compromit toutes les récoltes de la campagne. On était au milieu du printemps, et voilà que les arbres se dépouillèrent de leurs feuilles, comme en automne. Ce n'était pas cette végétation vigoureuse qui, en cette saison, répand la vie partout, couvrant de fleurs et de verdure les coteaux, les plaines et les prairies de nos contrées. L'œil attristé ne rencontrait partout que des champs désolés ; on eut dit que la malédiction planait sur le territoire. Les supplications publiques et l'humiliation de la pénitence ne rendaient pas le Ciel plus favorable : il se montrait toujours d'airain pour nous. C'est alors qu'on se souvint des jours anciens, où nos pères avaient ressenti l'effet des miséricordes de la divine Mère en faveur des habitants de Pignans. La préservation du fléau de la peste était encore présente à tous les esprits ; car il y en avait encore beaucoup qui en avaient été les témoins et qui avaient participé à ces témoignages de dévotion envers Marie comme aux grâces que cette bonne Mère avaient accordées à ses enfants. Il n'y avait donc qu'une pensée, qu'un désir chez tous les habitants de Pignans, c'était de recourir de nouveau à Notre-Dame des Anges. De là cette résolution d'aller là-haut en pèlerinage chercher la Statue miraculeuse et de la descendre dans l'église paroissiale où des prières et des supplications lui seraient adressées. On fixa donc le jour de cette cérémonie, tout fut organisé pour cette ascension.

12

Et nous serons là-haut semblables aux étoiles.
La vérité pour nous aura perdu ses voiles :
Nous verrons tel qu'il est le Dieu qui nous créa.
Nous boirons au torrent des suaves délices :
Plus de larmes, du miel toujours dans nos calices,
Toujours le joyeux Hosanna.

L'Abbé Joseph **BRÉMOND**

En pèlerinage à Notre-Dame des Anges de Pignans, au mois d'Août 1862.

TABLE DES MATIÈRES

Cette Notice se vend 0 f. 60
au profit du Sanctuaire
Chez M. le Curé de Pignans
Au Sanctuaire de l'Ermitage
A l'Imp. Jeanne d'Arc, La Loublière, Toulon

www.ingramcontent.com/pod-product-compliance
Lightning Source LLC
LaVergne TN
LVHW010909200726
843507LV00002B/546